# O homem
# subjugado

CIP-BRASIL. CATALOGAÇÃO NA PUBLICAÇÃO
SINDICATO NACIONAL DOS EDITORES DE LIVROS, RJ

M984h
    Muszkat, Malvina
    O homem subjugado : o dilema das masculinidades no mundo contemporâneo / Malvina E. Muszkat ; ilustração Laerte Coutinho. – São Paulo : Summus, 2018.
    176 p. : il.

    Inclui bibliografia
    ISBN 978-85-323-1093-4

    1. Masculinidade. 2. Papel sexual. I. Coutinho, Laerte. II. Título.

18-47272
                                                 CDD: 363.44
                                                 CDU: 364.633

www.summus.com.br

Compre em lugar de fotocopiar.
Cada real que você dá por um livro recompensa seus autores
e os convida a produzir mais sobre o tema;
incentiva seus editores a encomendar, traduzir e publicar
outras obras sobre o assunto;
e paga aos livreiros por estocar e levar até você livros
para a sua informação e o seu entretenimento.
Cada real que você dá pela fotocópia não autorizada de um livro
financia o crime
e ajuda a matar a produção intelectual de seu país.

# O homem subjugado

O dilema das masculinidades
no mundo contemporâneo

MALVINA E. MUSZKAT

summus
editorial

*O HOMEM SUBJUGADO*
*O dilema das masculinidades no mundo contemporâneo*
Copyright © 2018 by Malvina E. Muszkat
Direitos desta edição reservados por Summus Editorial

Editora executiva: **Soraia Bini Cury**
Assistente editorial: **Michelle Neris**
Imagem de capa: **Laerte Coutinho**
Projeto gráfico: **Crayon Editorial**
Capa: **Alberto Mateus**
Diagramação: **Santana**
Impressão: **Sumago Gráfica Editorial**

**Summus Editorial**
Departamento editorial
Rua Itapicuru, 613 – 7º andar
05006-000 – São Paulo – SP
Fone: (11) 3872-3322
Fax: (11) 3872-7476
http://www.summus.com.br
e-mail: summus@summus.com.br

Atendimento ao consumidor
Summus Editorial
Fone: (11) 3865-9890

Vendas por atacado
Fone: (11) 3873-8638
Fax: (11) 3872-7476
e-mail: vendas@summus.com.br

Impresso no Brasil

# Sumário

INTRODUÇÃO ................................................... 7
   A Ordem ................................................... 10

**1.** FALANDO DE GÊNERO ........................................ 17
   Os arapesh, habitantes da montanha .............................. 18
   Os mundugumor, habitantes do rio ............................... 19
   Comentários ................................................ 20

**2.** ATRIBUINDO PAPÉIS SOCIAIS ................................... 25

**3.** COMO TRANSFORMAR TERNOS BEBÊS EM ADULTOS ATORMENTADOS ...... 29

**4.** O BELO SEXO FRÁGIL ......................................... 36

**5.** O SEXO NO PECADO CAPITAL .................................. 41

**6.** O PÊNIS CONSAGRADO ....................................... 43

**7.** SOBRE *QUEM TEM* E *QUEM NÃO TEM* ............................ 48

**8.** ECOS DO PASSADO .......................................... 52

**9.** A PONTA DO *ICEBERG* (NADA É TÃO SIMPLES QUANTO PARECE) ......... 61

**10.** O HERÓI, A REVELAÇÃO E O PECADO ........................... 70

**11.** IMPRUDÊNCIA *VERSUS* PECADO ................................ 75

**12.** O HERÓI CLAUDICANTE . . . . . . . . . . . . . . . . . . . . . . . . . . . . . . . . . . . . . 78

**13.** PENSANDO A VIOLÊNCIA . . . . . . . . . . . . . . . . . . . . . . . . . . . . . . . . . . . . 80

**14.** A QUESTÃO IDENTITÁRIA E A VULNERABILIDADE MASCULINA . . . . . . . . . . . . 84

**15.** CONSEQUÊNCIAS MALDITAS . . . . . . . . . . . . . . . . . . . . . . . . . . . . . . . . . 89

**16.** CAPITAL INTELECTUAL E A RESISTÊNCIA AO ASSUJEITAMENTO . . . . . . . . . . . 98

**17.** RELAÇÕES SADOMASOQUISTAS E O DOMINADOR FERIDO . . . . . . . . . . . . . 103

**18.** O LENTO ESFACELAMENTO DO ACORDO E A INTERSUBJETIVIDADE . . . . . . . 108

**19.** O RESGATE DA BIOLOGIA . . . . . . . . . . . . . . . . . . . . . . . . . . . . . . . . . . . 115

**20.** ABANDONANDO ZONAS DE CONFORTO . . . . . . . . . . . . . . . . . . . . . . . . . 124

**21.** DELÍRIOS, IDEOLOGIAS E DESEJOS . . . . . . . . . . . . . . . . . . . . . . . . . . . . 132

**22.** A PREVALÊNCIA DO FALO . . . . . . . . . . . . . . . . . . . . . . . . . . . . . . . . . . 140
    O mito . . . . . . . . . . . . . . . . . . . . . . . . . . . . . . . . . . . . . . . . . . . . . . 141
    Sua interpretação . . . . . . . . . . . . . . . . . . . . . . . . . . . . . . . . . . . . . . 142

**23.** SANSÃO . . . . . . . . . . . . . . . . . . . . . . . . . . . . . . . . . . . . . . . . . . . . . . 146
    O mito . . . . . . . . . . . . . . . . . . . . . . . . . . . . . . . . . . . . . . . . . . . . . . 147
    Que herói é esse? . . . . . . . . . . . . . . . . . . . . . . . . . . . . . . . . . . . . . . 151

**24.** O FALO NA BERLINDA . . . . . . . . . . . . . . . . . . . . . . . . . . . . . . . . . . . . . 153

EPÍLOGO – MUDANÇAS EM CURSO . . . . . . . . . . . . . . . . . . . . . . . . . . . . . . 160

NOTAS . . . . . . . . . . . . . . . . . . . . . . . . . . . . . . . . . . . . . . . . . . . . . . . . 167

# Introdução

> *Em todas as vidas existe qualquer coisa de não vivido, do mesmo modo que em toda palavra há qualquer coisa que fica por exprimir.*
>
> Giorgio Agamben

Há muito tempo me surpreendo com o silêncio dos homens diante da crise que estão enfrentando. Apesar das fervilhantes discussões contemporâneas sobre as diversas formas da sexualidade humana, os debates sobre a condição masculina continuam sendo raros. Não tivessem sido os homens os responsáveis por quase toda a produção de conhecimento acumulado até meados do século XX, menos espantoso poderia parecer seu mutismo. Mas agora, justamente quando o debate os atinge em cheio, eles se calam.

Por muitos anos, no exercício de meu ofício, reuni grande quantidade de depoimentos, entrevistas, dados de pesquisa, anedotas e pensamentos esparsos a respeito do tema das masculinidades. Depois, na expectativa de ouvir o que os homens teriam a dizer sobre si mesmos, aguardei que se iniciasse uma conversa da qual eu pudesse participar. Passado tanto tempo, com o material se acumulando, decidi provocar essa conversa em vez de aguardá-la. Surgiu daí a obra que o leitor tem em mãos. Trata-se de um conjunto articulado e sintético de minhas reflexões sobre a subjetividade masculina.

Escrever sobre a construção dos modelos de masculinidade e seus desdobramentos nas relações amorosas demanda fôlego e coragem, principalmente quando se está na contramão daquilo que apregoa o senso comum – e o não tão comum.

Fala-se muito a respeito da desigualdade entre os sexos: do poder, da bravura e da braveza dos homens e de sua violência. Mas pouco ou nada se diz a respeito das matrizes subjetivas e das bases culturais que perpetuam tais modelos. Da mesma forma, quase não se dá atenção às dores e aos dissabores gerados por essas motivações. Defendo a tese de que o masculino em nossa cultura é tão subordinado quanto o feminino, embora isso não seja reconhecido como tal no imaginário coletivo. Ambos são subjugados ao conjunto de representações de um imaginário social criado por grupos detentores de poder suficientemente fortes para mantê-los – senão ampliá-los.

O código masculino tem sido interpretado de um ponto de vista superficial, reducionista, quase leviano, o que prejudica sua compreensão. A quem interessa uma visão tão conservadora a respeito do tema como a que diz que os homens são seres simples, senhores de suas emoções e com poucas necessidades, em contraste com as mulheres, enigmáticas e dominadas por um turbilhão de emoções? Aos próprios homens? Às mulheres? Aos poderes consagrados?

É fato que os homens não costumam falar de si. Talvez não saibam muito o que dizer ou não seja de seu interesse questionar os mitos que sustentaram sua condição hegemônica. Ou até, quem sabe, temam ser rechaçados.

As mulheres, os homossexuais, os transgêneros, ao contrário, lutam por se fazer ouvir, confessando aflições, conflitos e dores. Enquanto isso, como guardiões de uma ordem simbólica hipoteticamente imutável, os homens silenciam.

É como se a suposta superioridade masculina lhes permitisse distanciar-se das tensões presentes na sociedade. Tudo muito coerente com a crença básica de que as mulheres são fracas e os homens, fortes; as mulheres sofrem, os homens não. E, por não sofrerem, não precisam dizer nada.

Quando comentei com amigos e colegas sobre a ideia de escrever a respeito da subjetividade masculina, a piada foi sempre a mesma: "Vai ser um folheto?" Assim, sugere-se que a psique masculina se resume àquilo que observamos na superfície, negando-lhes o direito às contradições inerentes à condição humana.

A divisão sexual binária da sociedade, na qual as atribuições do perfil masculino são contraponto direto ao feminino, e vice-versa, torna supostamente insuperável a oposição entre os valores e elementos de cada uma das partes, já que é por meio dessa oposição que uma atribui significado ao existir da outra. Mas o que fazer diante do número cada vez maior de pessoas que não se encaixam nessa rígida polarização? E quando alguém não se identifica com as atribuições que lhe são impostas, como agir? Devemos proibi-lo de existir? Ou vamos desconstruir o engessado princípio da dualidade e rever os julgamentos maniqueístas?

Sou pela segunda opção.

Felizmente, oposições simplistas não precisam ser eternas, e alguma relativização vem sendo conseguida. Meus avós, por exemplo, jamais imaginariam que a "superioridade inata" da condição masculina poderia vir a ser questionada. Mesmo assim, majoritariamente, tendemos a continuar acreditando naquilo que a ideologia vigente nos impõe a respeito do universo masculino. Caminhamos no limite da ilusão, presos no labirinto das aparências, tal como sugere Pirandello em *Assim é (se lhe parece)* quando um dos personagens, questionado a respeito de sua verdadeira identidade, responde: "Eu sou aquela que se crê que eu seja"[1].

Pois bem, se a definição de nossa identidade está condicionada ao olhar do outro, isso forçosamente sugere que, se os homens são o que são, ou foram o que foram, é porque inclusive nós, mulheres, acreditamos e apoiamos a crença em sua superioridade. Se tal imagem não dependesse do olhar do outro para se manter, por que estaria tão ameaçada justamente hoje, diante de uma nova realidade?

O atual cenário social, com demandas constantes de desconstrução dos pressupostos tradicionais sobre as questões de gênero, tem acrescentado ao nosso cotidiano novos conflitos sobre aqueles que já nos são naturalmente impostos por nossas características individuais e coletivas.

Comecei com vontade de polemizar sobre quase tudo que se diz por aí. Hoje meu propósito é apenas o de tentar mostrar ao leitor que a subjetividade masculina é bem distinta do folclórico amontoado de ideias tradicionais que "define" os homens. Gostaria de poder ajudar a desconstruir uma imagem arquitetada para e pela sociedade, que na verdade não atinge mais do que sua máscara social, sua *persona*, a ponta do iceberg da sua condição. Aquela ponta que, como um grande falo, é escolhida para exibição publicitária.

Mas, felizmente, o sujeito não é fixo, ele é mutável.

Conseguir sensibilizar os homens no sentido de entender mais a si próprios já me pareceria de grande valor. Abrir portas e janelas que lhes permitam olhar para fora do sistema, na direção de sua singularidade, ainda melhor. Estimulá-los a falar e conseguir libertá-los das engenhocas que os mantêm isolados dos próprios afetos é algo que me soaria magnífico.

**A ORDEM**

Começo por argumentar que, se não existe um destino psíquico ou biológico na forma de ser mulher, de se comportar como mulher, por que existiria um destino biológico que definiria a forma de ser homem?

Baseando-me nesse argumento, devo considerar que, em uma cultura construída sob os princípios do patriarcado, existe um conjunto de regras que disciplina e determina o comportamento adequado aos corpos masculinos e femininos relativos a essa cultura. Chamo a esse conjunto de Ordem e alerto para a ideia de que não se trata de um compêndio, um inventário, mas de pressupostos e regras sociais que, de forma esparsa e indireta, estão impressos no discurso cultural, gerando determinado repertório.

Em meu trabalho como psicanalista, mediadora de conflitos e terapeuta de casais, tive a oportunidade de ouvir, individualmente ou em grupos, homens de distintos segmentos da cultura urbana paulista – dos mais pobres aos incrivelmente privilegiados – com idade entre 20 e 60 anos. Assim, apesar de atenta aos princípios da pluralidade, recolhi dados que agrupei sob o título provisório de *conteúdos subjetivos recorrentes*. Agradeço a esses homens por tudo que me ensinaram sobre suas experiências, suas fontes de estímulo, de prazer e de sofrimento. Agradeço até suas provocações, que aprendi a encarar com humor, como parte do repertório masculino de relacionamento com mulheres.

Prevaleceram nos registros os conteúdos relacionados ao modelo patriarcal, subjetivado pelo princípio organizador do falo e apoiado no controle dos machos sobre as fêmeas. Justificada pela crença da superioridade masculina, essa estruturação hierárquica define um estado de exclusão e discriminação das mulheres cujas regras, transmitidas e mantidas de forma explícita ou subliminar, têm claro poder coercitivo.[2]

A crença na superioridade masculina já se encontra presente na organização social dos povos desde as primeiras civilizações ocidentais de que temos notícia, muitos séculos antes da era cristã. Suas raízes germinaram no ideário humano ao longo dos séculos e estão de tal forma sedimentadas que, ainda hoje, é preciso mostrar a algumas pessoas quando e como elas se manifestam se quisermos fazer valer o ideal contemporâneo de igualdade. Tal permanência nos faz pensar na eficácia de seus métodos de transmissão e de manutenção, bem como no que se pode fazer para superá-los. Por intermédio de leis, mitos, fábulas e paradigmas, os princípios da hegemonia masculina – nos quais a divisão de sexos é claramente definida em relação às suas funções e valores – têm sido mantidos, geração após geração, graças ao nunca referido sacrifício de seu exército de homens em constante conflito com os próprios afetos. Uma regra absoluta sobre a coerência entre um corpo, um gênero e um desejo, o que a filósofa americana Judith Butler chama de "ordem compulsória"[3], ajuda também a garantir a subsistência do modelo.

Embora não haja dados suficientes que nos permitam confirmar a existência do matriarcado, há indícios de que essa modalidade sociopolítica teria existido antes do patriarcado.[4] Um período remoto, em que o poder teria sido controlado pelas mulheres, corresponderia ao da instalação da agricultura e da domesticação dos animais, dotando as tribos de um novo modo de produção. Supõe-se que as mulheres detivessem a prerrogativa de partilhar os recursos do clã, principalmente os alimentos, numa expressão concreta de sua supremacia política no grupo. Alguns historiadores acreditam que esse tenha sido um período pacífico e de grande harmonia entre os humanos, e entre eles e a natureza. Nesse período, regido pelas deusas, que representavam o poder da criação, as relações estariam imbuídas de um sentido voltado ao sagrado. Quem sabe não teria sido esse o tal Paraíso do qual Adão e Eva foram expulsos?

De qualquer forma, não se sabe bem quanto essa fase matriarcal do desenvolvimento humano teria durado. O desenvolvimento populacional e a consequente disputa por espaços territoriais teriam levado os homens a guerrear entre si. A luta feroz pela sobrevivência pode ter colocado humanos contra humanos, exigindo que desenvolvessem capacidades estratégicas e usassem ao máximo sua força e resistência físicas, em substituição aos princípios de solidariedade e respeito à vida vigentes até então. A mudança de paradigmas pode ter conduzido à domesticação das próprias mulheres – que, com a perda de seu poder, tornaram-se dependentes da força masculina para protegê-las e à sua prole. No panteão das deusas femininas, começaram a surgir os deuses guerreiros.

O pensador alemão Friedrich Engels, referindo-se à existência de uma sociedade matriarcal, atribui o surgimento do patriarcado ao estabelecimento da propriedade privada.[5] Segundo ele, o patrimônio material foi o responsável pela dominação masculina das mulheres e pelo controle de sua sexualidade, a fim de garantir a paternidade dos filhos. Não interessava ao macho compartilhar suas conquistas com rebentos que não fossem de seu sangue. Assim, a mulher teria ficado obrigada a manter-se fiel a um único macho, encerrando um período em que machos e fêmeas se uniam apenas para cumprir seu destino biológico.

Hipóteses, lendas, realidade? Não se sabe ao certo. Mas não se trata de uma hipótese a noção de que, na sequência histórica dos acontecimentos, foram se sucedendo novas modalidades de discriminação e exclusão da figura feminina – de tal forma destrutivas e cruéis que converteram a mulher em um ser socialmente inferiorizado e escravo do poder masculino. Diante desse processo milenar de aculturação, as mulheres foram perdendo sua dignidade, identificando-se com as insígnias que a sociedade lhes oferecia, sentindo-se como os seres frágeis e subservientes que se esperava que elas fossem. Essa dinâmica de relacionamento entre homens e mulheres trouxe para a humanidade uma série de conflitos éticos e inúmeras dificuldades para a realização pessoal e o relacionamento interpessoal.

Para ajudar a pensar o processo de construção das subjetividades e sua manutenção, podemos recorrer a uma descrição magnífica encontrada na literatura do novelista inglês George Orwell, que em 1949 escreveu uma distopia denominada *1984*[6], em que narra o funcionamento de uma proposta de regulação coletiva de princípios e ideologias, e descreve sua eficiência na estruturação da identidade dos sujeitos. Embora Orwell trate de uma gestão ditatorial, ele nos expõe como a avaliação da verdade está sempre ligada a determinado sistema de valores e quanto a consciência é frágil para definir *testemunhos de verdade*[7] – seja diante de sistemas apenas sugestivos ou francamente manipulatórios.

Segundo alguns comentadores, impactado pelo surpreendente fenômeno de domesticação das massas produzido pela ideologia nazista e por seus efeitos na Segunda Guerra Mundial, Orwell criou a distopia de um Estado autoritário disfarçado de democrático. Uma figura autoritária e onipresente, denominada Grande Irmão, é adorada e temida pelo povo e domina, através de uma tela, a privacidade e a subjetividade dos indivíduos. Assim como Hitler, o Grande Irmão constrói e mantém sua verdade recorrendo a inúmeras formas perversas de controle, forjadas para manter seu poder e garantir a fidelidade coletiva às leis e regras sociais. Instituições como o Ministério da Verdade, o Ministério do Amor e o Buraco da Memória são exemplos sugestivos do uso disfarçado do autoritarismo institucional. Por outro lado, neologismos como "duplipensar", "crimideia" e "novilíngua" demonstram a importância da linguagem na sustentação de um modo de pensar – ou de não pensar.

Winston, o personagem central de Orwell, é um seguidor obediente do Partido e trabalha no Ministério da Verdade, escrevendo a "verdade" e incinerando, no Buraco da Memória, todo e qualquer documento, qualquer resquício histórico que possa difundir informações contrárias aos interesses políticos do grupo no poder. Assim, Winston ajuda a construir o "duplipensar", que adota uma "novilíngua" e pune o "crimideia". Sempre fiel ao Partido, em dado momento Winston se apaixona. Nesse momento, do ponto de vista da cultura, ele comete um crime. O desejo, inteiramente proibido nessa sociedade, leva-o a questionar o sistema. Imediatamente, o controle do Partido entra em ação, e o faz por intermédio do Ministério do Amor, cuja finalidade (ao contrário do que se possa imaginar) é impedir qualquer tipo de experiência amorosa. A manutenção do sistema se baseia no isolamento das pessoas. Winston é retirado do convívio social, preso e severamente torturado, até se render à apatia esperada pelo sistema. "Curado", apático e melancólico, livre de desejo, volta a venerar o Grande Irmão e pode, enfim, ser devolvido à sociedade.

A obra de ficção *1984* nos fala do domínio da subjetividade. Não se trata de um domínio exercido essencialmente pela força bruta, mas pela adesão ao sistema. É assim que a cultura patriarcal, em maior ou menor proporção, pode transformar mulheres em criaturas indignas e menininhos ternos em adultos atormentados e ferozes.[8]

# 1.
# Falando de gênero

Apresso-me a apresentar ao leitor um conceito sobre o qual deverei me ater durante todo o texto: o de *gênero*. Essa conceituação é vital para entender por que nós, homens e mulheres, tendemos a ser tratados, pelo senso comum, como grupos padronizados, verdadeiros estereótipos, definidos apenas pelos nossos órgãos genitais. Um tipo de leitura que permite definir erroneamente, por exemplo, que "homens são de Marte e mulheres são de Vênus", que homens são racionais e mulheres, emocionais ou que mulheres sofrem e homens não.

Isso porque, enquanto *sexo* é um conceito biológico, definido pela anatomia de um sujeito, *gênero* reflete o que é socialmente construído sobre essa anatomia. Por exemplo: comportamento, temperamento, valores e atribuições morais, longe de ser determinados fisiologicamente, são construções simbólicas atribuídas pela sociedade a um corpo a partir de seus genitais.

Entre os anos 1931 e 1933, muito antes de a expressão *papéis de gênero*[9] ser reconhecida na academia, a antropóloga norte-americana Margareth Mead desenvolveu uma pesquisa de campo a respeito do que denominou "condicionamento das personalidades sociais dos dois sexos"[10], indicando que, já naquela época, ela questionava a pura biologia na construção das identidades sexuais. Mead objetivava observar como as diferentes culturas – até as mais "simples", iletradas – definem as práticas e os valores de seus habitantes por meio da construção de suas identidades.

Suas observações levaram-na a concluir que "a trama cultural por trás das relações humanas é o modo como os papéis dos dois sexos são concebidos".

A pesquisa concentrou-se na observação de tribos indígenas que, apesar da proximidade geográfica, constituíam de maneira muito distinta suas respectivas organizações sociais. Cada uma tinha crenças, valores e mitos próprios, e regravam de forma bastante diversa o comportamento dos corpos masculinos e femininos de seus grupos.

Para esse estudo, Mead observou três tribos da Nova Guiné, ilha a sudoeste do Oceano Pacífico. Vou me ater aqui às observações realizadas em apenas duas das três tribos – que, pelos seus contrastes, pareceram-me interessantes e suficientes.

Apesar de vizinhas, as tribos vivem em situações geográficas bem distintas, o que permite vislumbrar como a variável geográfica, com suas distinções climáticas e sua influência sobre a alimentação e o lazer, interfere nas incríveis diferenças culturais encontradas entre elas. Foram observadas as tribos dos arapesh, dos mundugumor e dos tchambuli.

**OS ARAPESH, HABITANTES DA MONTANHA**

Os arapesh são uma cultura bastante rara, pois carecem inteiramente da tese – tão comum – de que a violência é algo inerente à "natureza" humana. Segundo eles, homens e mulheres são particularmente gentis, compreensivos e cooperativos e agem com ternura. Seus bebês são cercados de alegria e prazer; as crianças são encorajadas a respeitar o princípio da alteridade, a propriedade alheia e a segurança no seio de seu grupo familiar, mais do que qualquer desejo de posse. Nesse sistema, o roubo e a agressividade são quase desconhecidos – e, se ocorrem, praticados por indivíduos marginais à cultura, são rejeitados e atribuídos a feitiçarias e pragas de grupos externos à tribo.

Tudo propício a uma sociedade mais igualitária? Sim e não. No que se refere a homens e mulheres, por exemplo, o poder maior é patriarcal pela simples razão de que a menina arapesh, por volta dos 5 anos de idade, é prometida a um noivo alguns anos mais velho que será responsável por sua guarda. O futuro marido e sua família "criarão" a futura esposa. Ela se mudará para a casa dele, ainda criança, para ser nutrida, educada e cuidada por eles até a realização do casamento, quando será consumado o ato sexual. Assim como se espera que os pais saibam controlar e educar os filhos, por definição, espera-se que maridos saibam controlar as esposas, inclusive por serem mais velhos e terem, supostamente, mais discernimento.

Esse ambiente produz um tipo de subjetividade calorosa e dócil. Constrói personalidades pacíficas e serenas preocupadas com o respeito ao próximo e com a preservação do grupo.

### OS MUNDUGUMOR, HABITANTES DO RIO

Já os habitantes da tribo vizinha, os mundugumor, que moram na região do rio, são ferozes e arrojados. Vivem entre si num clima de desconfiança e insatisfação mútuas. São antropófagos e caçadores de cabeças e não guardam nenhum tipo de solidariedade. Os homens praticam a poligamia e vivem para si e por si com suas mulheres, de quem são completamente dependentes no cotidiano doméstico e social.

No que se refere à descendência, as mulheres são muito mais desejadas do que os homens, porque representam um bom capital de troca com outros grupos, o que permite trazer sempre novas mulheres que permitam os vários casamentos dos homens da tribo. Assim, a simples possibilidade de parir um filho homem, quando a mulher engravida, torna os homens ressentidos delas. Conceber um filho homem é uma traição ao companheiro; este, além de poder competir com o próprio pai por esposas, empobrece o grupo familiar, já que não representa moeda de troca. Esse fato, embora valorize sobremaneira as mulheres em relação aos seus irmãos homens, não garante que elas sejam pessoalmente mais respeitadas.

Para evitar qualquer tipo de integração, na tribo não existe aldeia ou praça central. As cabanas são construídas dentro de paliçadas, uma para cada uma ou duas esposas e filhos, e ficam disfarçadas no meio da mata, com o intuito de evitar assaltos de vizinhos. Crianças e jovens vivem em condições de abandono e miséria, sem nenhuma proteção.

Esse ambiente hostil produz um tipo de subjetividade crivada de suspeita e desconfiança, na qual, além de outros malefícios, pragas, feitiçarias e maldições também podem ser objeto de ataque.

As mulheres são tão hostis quanto os homens. Dedicam-se muito ao trabalho, mas não gostam de cuidar dos filhos. As mães amamentam em pé, obrigando os bebês a sugar rápida e vigorosamente, tanto quanto possam. Se eles fizerem uma pausa, serão considerados saciados e rapidamente devolvidos ao cesto. Crianças doentes são fonte de exasperação e raiva. Quando aprendem a andar, meninos e meninas são abandonados à própria sorte. A necessidade de lutar pela sobrevivência faz que as crianças exibam em suas feições sinais de solidão e infortúnio. Ao contrário dos arapesh, entre os mundugumor demonstrações de ternura não são aceitos nem para homens nem para mulheres do grupo. E assim se constroem personalidades ferozes que se dedicam a caçar cabeças e se alimentar de carne humana.

**COMENTÁRIOS**

Esse rápido resumo da pesquisa de Mead revela como as crianças são encaminhadas, desde a concepção, na direção de um perfil de identidade típico da cultura em que nasceram. Mesmo que em qualquer cultura haja sempre alguns indivíduos que se desviam do padrão, a maneira como são acolhidos e tratados definirá um perfil de personalidade e um caráter que reproduzirá as crenças e os valores de seu povo.

Mead foi a primeira estudiosa a introduzir a definição sociocultural no comportamento moral e emocional dos seres humanos baseada nas inscrições sociais sobre o corpo. Segundo ela, são comportamentos "para os quais meninos e meninas de determinada cultura são inexoravelmente conduzidos"[11] por meio de processos de identificação e de condicionamento impostos por modelos, rituais, constrangimentos e pela disciplina em vigor.

Sessenta anos depois da antropóloga americana, estudiosos de diferentes áreas de conhecimento confirmariam essa dependência do social na construção dos sujeitos.[12] Para o neurocientista português António Damásio, por exemplo, alguns mamíferos, embora já dotados de mecanismos automáticos de sobrevivência, terão sua subsistência garantida somente por intermédio de um conjunto de comportamentos e estratégias socialmente adquiridos.[13] Indo na mesma direção, o filósofo e psicoterapeuta Félix Guattarri afirma que a constituição dos sujeitos resulta de uma integração entre instâncias individuais, coletivas e institucionais, num processo que ele chama de "produção das subjetividades". Segundo o autor, as associações funcionam como correntes de transmissão do Estado.

Os "rituais de passagem" são um bom exemplo de processo de passagem da infância para a idade adulta com ênfase na diferenciação entre os sexos. Toda "tribo" tem os seus rituais, até mesmo nossas tribos urbanas, sempre marcados por um sistema binário que pressupõe a heteronormatividade, desde a infância até a vida adulta de seus integrantes. Com isso, visam garantir a diferenciação "natural" entre os sexos, ditada pela anatomia.

Os rituais voltados para os grupos masculinos se distinguem dos destinados às mulheres, pois costumam impor, mais comumente, expectativas de força e coragem por meio de provas que demandam heroísmo e resistência à dor. Na tribo amazonense sateré-maué, por exemplo, os jovens devem colocar as mãos numa espécie de luva cheia de formigas-bala, espécie cuja mordida é mais dolorida que a das vespas e cujo efeito chega a durar até 24 horas. Com as mãos na luva, os garotos devem dançar durante dez minutos, sendo a intensidade da dor de tal ordem que pode provocar convulsões. Outros grupos cortam as costas, as nádegas e a barriga dos meninos, a fim de imitar a pele do jacaré.[14]

A subordinação dos sujeitos a essas práticas se dá em troca de seu reconhecimento social. Vale lembrar aqui a frase atribuída ao filósofo Francis Bacon: "Se sou visto, logo existo".

Já nos rituais destinados às meninas, o que mais chama a atenção é a circuncisão, forma de mutilação genital de origem somali praticada em inúmeros países africanos. Diferentemente da circuncisão masculina, consiste na remoção de parte ou de todos os órgãos sexuais externos femininos. Tem como finalidade controlar a sexualidade das mulheres, não apenas privando-as do prazer sexual, mas provocando dor e sofrimento a qualquer experiência ligada à sua condição de mulher. O procedimento é realizado pelas próprias mulheres da família em nome da honra e da pureza de suas filhas. Embora seja considerada ilegal e condenada pela Organização Mundial da Saúde, é uma prática de erradicação extremamente difícil, considerando sua importância na cultura.

Esses rituais expressam o conjunto das representações do imaginário social que impõem aos meninos as condições de força e coragem necessárias para o exercício de sua hegemonia, enquanto o ritual da circuncisão de meninas materializa a castração social, subordinando as mulheres ao poder dominante.

Porém, quem pode afirmar que a construção social imposta a determinado corpo seja a mais adequada? Quem teria condições de defender que o que se considera da perspectiva do masculino não pode se manifestar em um corpo feminino, ou vice-versa?[15] Dependendo do meio social onde se manifesta, quase qualquer uma das práticas pode ser atribuída a corpos masculinos ou femininos.

O ritual de ingestão de sêmen do povo sâmbia, em Papua-Nova Guiné, Oceania, por exemplo, obriga aos meninos da comunidade, a partir de seu oitavo ou nono aniversário, a frequentar a cabana dos homens mais velhos, com os quais – diariamente e por vários anos seguidos – praticarão sexo oral. Isso porque o sêmen, para os sâmbia, é a substância mágica da qual se origina a força do guerreiro, sendo portanto capaz de transformar meninos em homens poderosos. Quanto mais líquido seminal ingerirem, mais fortes se tornarão. Tal rito, é óbvio, choca-se com nosso imaginário social, eminentemente homofóbico.[16]

Além dos rituais, há toda uma gama de projeções e expectativas paternas e maternas que, baseadas nos discursos sociais, representam uma fonte inexorável de influência. Hoje, no século XXI, em sociedades como a em que vivemos, onde os pais podem conhecer o sexo do feto ainda no período de gestação, sonhos e idealizações relativos ao seu corpo começam a ser projetados mesmo antes do nascimento. Tais projeções são voltadas para ideais de sucesso social, baseando-se em atributos que permitem a superação de possíveis vulnerabilidades. Quando se trata de meninas, as pesquisas apontam como atributos mais desejados aqueles ligados à beleza e à inteligência, nessa ordem. Quando se trata de meninos, os pais almejam que eles sejam fortes, vigorosos e inteligentes. São discursos construídos no e pelo social de grande influência na formação dos sujeitos – não por imposição civil ou religiosa, mas por uma escolha aparentemente espontânea.

Esses valores são tão arraigados na cultura que, mesmo numa cidade como São Paulo, que apresenta muito maior diversidade do que qualquer uma das tribos observadas por Mead, os corpos continuam claramente sujeitos a regras, preconceitos e restrições segundo sua importância.

Todo e qualquer estudo tomando por base as características físicas de seus integrantes apontará os corpos masculinos e brancos como os mais privilegiados e os quais atingem as melhores condições de vida. Mesmo considerando os fatores politicamente corretos, que nos dias atuais buscam reduzir assimetrias sociais de origem genética ou biológica, nossa sociedade continua favorecendo os homens brancos em detrimento das mulheres brancas e dos homens com outra cor de pele.

Ainda hoje, no Brasil e sobretudo na cidade de São Paulo, onde os níveis de emprego apresentam-se mais elevados, os salários continuam variando para baixo, no caso das mulheres, em 25,7%.[17] Pesquisas sobre nível de escolaridade, homicídio e violência juvenil confirmam a grande disparidade entre homens negros e pardos em comparação com brancos. Em termos de vulnerabilidade, mulheres pardas e negras, homens pardos e negros, bem como adolescentes entre 15 e 24 anos desses grupos, representam uma população altamente exposta ao risco social. São dados que comprovam até que ponto a diferença de poderes se define pelas diferenças entre os corpos, mostrando que estamos longe de contemplar a diversidade humana com isenção e tolerância.

Daí que não se pode supor que exista uma versão universal de masculinidade. Que mesmo que haja uma versão dominante ela nunca será a única, o que impede a mim e aos meus leitores de pensarmos ou falarmos em masculinidade ou feminilidade no singular. Peço que não percam isso de vista.

# 2.
# Atribuindo papéis sociais

JÁ VIMOS COMO UMA sociedade leva em conta determinações biológicas para definir o comportamento de seus cidadãos. Resta entender como e por que nós, seres inteligentes e críticos, no tocante ao processo de produção de nossas identidades, somos quase inteiramente subordinados àquilo que nos é imposto. Dificilmente conseguimos contestar o que a sociedade nos impinge; ao contrário, tendemos a nos esforçar para corresponder às ideologias consagradas, chanceladoras de reputação pessoal positiva ou negativa.

Entre as inúmeras razões que justificam esse tipo de engajamento ao discurso social, comecemos por lembrar que nós, humanos, de todos os mamíferos, somos o grupo mais frágil e desamparado e que nossos bebês são totalmente dependentes da presença constante de alguém que os proteja, garanta sua sobrevivência e lhes forneça afeto. Nutrir um bebê não significa apenas alimentá-lo, mas dar-lhe carinho e transmitir-lhe *significados*, provendo padrões de conduta indispensáveis para seu futuro reconhecimento social. Alguém deve se encarregar dessas tarefas – e essa pessoa, em geral a mãe, deverá dedicar longos períodos de sua vida ao ofício. Meninos e meninas, junto com o leite e o amor da mamãe, recebem instruções sobre quem são e como devem se comunicar com o grupo onde nasceram, de modo que nele garantam sua inserção. Não apenas devem aprender a língua de seu povo, mas também o complexo sistema de símbolos de sua cultura.

Os agentes socializadores por excelência são as figuras parentais – quando não especificamente as mães –, que, graças a seu íntimo relacionamento com a criança, atribuem sentido às experiências externas e internas do bebê, encarregando-se de transformar um pacote de impulsos e instintos em imagens mentais ou objetos significativos.[18] São as mães (ou alguém no seu lugar) que dão sentido ao choro do bebê, por exemplo, quando lhes dizem carinhosamente: "Está com fome, filhinho(a)?", ou: "É a barriguinha que está doendo?" Assim aprendemos o que é ter fome ou dor de barriga, e também o que é ser homem ou mulher com ordens tais como "menino não chora" ou "não fica bem para uma menina sentar de perna aberta".

Pequenos seres, dotados de pênis ou de vagina, receberão informações distintas sobre um bocado de coisas, mas sempre referentes ao que sua cultura – seja ela qual for – espera deles. Trata-se de uma infinidade de símbolos, inclusive sexuais, que se "reproduzem" em nossa cabeça, enredando-nos sutilmente em suas imposições. Assim, meio que de mansinho, vamos sendo moldados pelas expectativas culturais que os papais e as mamães aprovam[19], encaixando-nos como podemos nos *papéis sociais* que nos foram destinados.

A esse processo chamamos, no que se refere à mãe, de *maternagem*, e no que se refere à interação mãe-bebê, de *produção das subjetividades*. Sejamos nós portadores de vaginas ou de pênis, é inevitável nossa dependência e adesão a uma presença materna, não necessariamente de origem biológica. Em 1958, o psicólogo infantil René Spitz realizou uma pesquisa com bebês órfãos de guerra que viviam em orfanatos, com o intuito de avaliar a importância da estabilidade na relação mãe-bebê.[20] Os resultados comprovaram a importância vital de uma figura estável e afetiva, não apenas para o desenvolvimento como para a própria sobrevivência da criança. Órfãos que tiveram uma figura materna estável, mesmo que não fosse a mãe, em instituições ou orfanatos, desenvolveram-se a contento. Crianças que não tiveram tal acompanhamento acabaram adoecendo, e algumas chegaram a falecer.

A rigor, é preciso mais do que uma mãe para realizar a tarefa de transmitir os papéis sociais, já que toda mãe depende da cooperação de um grupo organizado para garantir sua sobrevivência e a de sua prole. Dados o sucesso e o poder conquistados pela espécie humana, levando em conta sua vulnerabilidade física no reino animal, supõe-se que padrões coletivos de cooperação tenham favorecido nossos ancestrais, por meio da constituição de grupos sociais unidos em torno de objetivos comuns e crenças compartilhadas, que os tornaram capazes de se proteger. Em cada grupo, ao apoderar-se de seu ambiente, de sua natureza física, de seus animais, dos movimentos dos astros e de outros elementos, a imaginação humana foi construindo significados que, uma vez compartilhados, teriam dado origem a movimentos de coesão e proteção coletivas. Graças a isso sobrevivemos como espécie.

Essa complexa rede social só se tornou possível pelo fato de que nós, diferentemente de outras espécies, não apenas habitamos a Terra, mas a "criamos", dando nome às coisas. Assim também carregamos um nome, uma posição na organização social, um deus e uma moral.

O mito fundador da cultura ocidental, que nutre nossos significados, é o judaico-cristão. Trata-se de mais uma de nossas elaborações, em que atribuímos a um ser metafísico – Deus – a responsabilidade sobre a Criação. Tal como nós, Deus organizou o mundo dando nomes a cada coisa, e, com esses nomes, atribuiu-lhes significados: "Disse Deus: 'Haja luz', e houve luz. Deus viu que a luz era boa, e separou a luz das trevas. Deus chamou a luz de dia, e as trevas chamou de noite" (Gên. 1:3-5).

Assim procedendo, em consequência de um complexo de percepções, intuições e associações, Deus criou o mundo. Nós criamos a cultura. Sentimentos como medo, desamparo, prazer, desejo, entre outros, mesclados a esses registros, resultaram numa teia simbólica atribuída ao mundo dos objetos externos e internos, criando o que chamamos de representações mentais. É daí que os discursos ideológicos e políticos retiram força para impor sua moral.

Lembrando Margareth Mead, "[...] o homem construiu para si mesmo uma trama de cultura em cujo interior cada vida humana foi dignificada pela sua forma e significado".[21] E é com base nesses parâmetros que fatores biológicos, como idade, sexo e situação familiar, são interpretados e transmitidos, seguindo os paradigmas dominantes no grupo e definindo atributos, direitos e poderes que nos converterão em sujeitos.

Para Michel Foucault[22], trata-se de um movimento de imposição, de um "ideal regulatório" que justifica o discurso do poder. É verdade que uma condição material do corpo existe, mas os diversos procedimentos e as reiteradas práticas regulatórias é que vão caracterizá-la como um *gênero*. Essas regras não apenas incidirão sobre a criança: elas *construirão* sua subjetividade. Desobedecer a esse ideal ou não engajar-se nele é impensável do ponto de vista da criança. Evidentemente, não se trata de um processo que se encerra na relação com uma figura materna. A introjeção desse discurso social, transmitido muito precocemente, proporcionará ao indivíduo, como contrapartida, não apenas o prazer e o acolhimento materno, mas também o reconhecimento e o acolhimento do grupo.

# 3.
## Como transformar ternos bebês em adultos atormentados

O CLIMA AFETIVO ENTRE o bebê e seu cuidador funciona como uma espécie de "marinada", em que os dois devem ficar mergulhados por um longo período no intuito de atingir determinado ponto de impregnação em que o bebê estará pronto para sua vida de relacionamentos. A interrupção prematura desse estado pode representar uma verdadeira ameaça de morte.

Infelizmente, em culturas homofóbicas como a nossa, recomenda-se que a dita "marinada" seja mais curta para a dupla mãe-menino, a fim de garantir uma emancipação que, por ser precoce, garantirá a masculinização de seu caráter. Porém, justamente por ser intencional e precoce, essa separação imprimirá um sinal negativo na maior fonte de amor e bem-estar da criança.

E mais: para que os meninos se insiram no grupo hegemônico dos homens adultos e sejam reconhecidos como seus membros efetivos, a regra não impõe apenas a interrupção da "marinada" como estado de entrega ao *acolhimento* materno. Ela ainda estimula o repúdio a tudo que diga respeito ao seu mundo. Esse afastamento do universo feminino não deve ser apenas transitório, mas definitivo. Todo menino ou adolescente já tentou ocultar a vergonha de receber favores ou sinais públicos de afeto vindos da mãe. Esse é o nosso "ritual de passagem" – que, obediente à teoria do falo[23] como organizador social, está afinado com uma cultura patriarcal responsável pela homofobia e hegemonia masculinas.

A mãe colabora com esse processo "facilitando" o afastamento do menino; o resultado disso é sua transformação simbólica de mãe-fada em mãe-bruxa. A mãe acolhedora e calorosa passa a ser vivida como abandonadora. Trata-se de um processo extremamente doloroso para o menino. De um lado, ele deve elaborar a perda da mãe; de outro, a ameaça de castração do pai-rival caso ele não realize sua tarefa. Em outras palavras, significa que a figura paterna, nessa fase do desenvolvimento, representa um terceiro elemento na relação mãe-bebê, responsável por nortear e mediatizar a relação entre mãe e filho, impedindo metaforicamente que o desejo incestuoso do filho em relação à mãe se realize. O menino deverá afastar-se da mãe e aproximar-se do pai para não ser por ele castigado.

Do menino espera-se que entre precocemente no mundo do pai, que, apesar de seu rival, garantirá sua masculinidade. Trata-se de uma experiência carregada de angústia que deixará marcas profundas em sua vida emocional.

Ameaçado pela fantasia da "castração" e sob o efeito da angústia, o menino terá de se sujeitar à interdição do pai e reconhecer a lei imposta por ele no intuito de, metaforicamente, não perder seu pênis, tornando assim possível assumir sua identidade masculina. O preço para sua obtenção, ficcional e socialmente construída, está no comprometimento engajado e no terror do abandono como sequelas. Qualquer ameaça concreta ou simbólica à sua masculinidade, em qualquer momento da vida, pode reavivar a angústia original, gerando defesas possivelmente violentas para se proteger.

Enquanto muitos ritos tribais de iniciação promovem a vivência da dor, submetendo os meninos a forte sofrimento físico, nós, "civilizados", utilizamos estratégias mais sofisticadas, expondo-os ao sofrimento psíquico. Qualificamos certos rituais de "selvagens", mas ficamos cegos para os traumatismos emocionais provocados pelas exigências de nossa cultura.

E é assim que nossos meninos, para escapar da castração física[24], submetem-se à *castração dos afetos* (para virar macho). Devido à forte associação entre feminilidade e afeto, os meninos devem abster-se de expressar seus sentimentos e, muitas vezes, de senti-los, obrigando-se a abandonar toda uma dimensão da vida humana. Sem nenhum derramamento de sangue, de forma extremamente requintada, trocamos o cenário concreto por um cenário simbólico. Se para ser homem é preciso coragem, aqui também é preciso renúncia.

Apesar de admitir que o peso das diferenças, há milhares de anos, favorece e privilegia socialmente o gênero masculino em detrimento do feminino, minha tese é a de que a cultura patriarcal oprime a todos nós. Se as mulheres pensam que são as únicas sujeitas a imposições, estão muito enganadas. O patriarcado subjuga, homens e mulheres, a expectativas e regras que engessam nosso comportamento e direcionam nossos desejos.

> Meu pai e meu avô eram homens importantes e poderosos, homens à moda antiga, respeitados sem que precisassem falar muito. A única pessoa que enfrentava meu pai era minha mãe, uma mulher forte e bastante autoritária, disfarçada de submissa. Quando pequeno, eu queria muito claramente imitar aqueles homens poderosos e viris. Desde muito cedo procurava me vestir e me pentear como eles, mas no fundo eu gostava era mesmo de brincar, de inventar coisas. Vivia cuidando de meus bichos no quintal, brincando com eles com muito carinho, fossem cachorros, tartarugas ou passarinhos. Gostava também de música. Nada disso, porém, combinava com os homens da minha família. Meu pai era um homem poderoso; meu irmão mais velho era forte, destemido e determinado. Desde pequeno era um líder. Bom nos esportes, extrovertido e falante, agradava a todo mundo. Eu sempre procurei imitá-los. Nunca fui bom nos esportes, mas era querido pelos mais velhos. Isso fazia eu me sentir feliz por um lado, mas meio mariquinhas por outro. Nunca me julguei muito competente profissionalmente, apesar de sempre ter tido sucesso. Sempre vivi muito solitário com meu violoncelo e, lá no fundo, tinha medo das mulheres. Pudera! Eu só gostava

de mulheres fortes e poderosas como minha mãe. Só minha primeira mulher era de um tipo maternal. Casei-me, tivemos filhos, me separei. Até hoje somos amigos. Depois dela, só me aproximei das mulheres fortonas, poderosas e bem-sucedidas. Ficava algum tempo com elas, mas depois desistia, sentindo-me meio sufocado. Ficava melhor sozinho, com minhas coisas e minha música. Tenho muitos amigos, geralmente homens bem-sucedidos. Eu os admiro! Acho até que gostam de mim, mas tenho de fazer um grande esforço para estar com eles. Quando preciso ir a um compromisso social, quando tenho de competir no esporte ou quando tenho de negociar com homens poderosos, acabo conseguindo, mas termino esgotado, não consigo dormir à noite – e quando durmo tenho pesadelos terríveis.

Júlio é um homem de 50 e poucos anos, sensível e educado. Executivo bem-sucedido, ele revela, em seu relato, o amargor de uma vida dedicada a satisfazer um ideal masculino que o fascina, mas com o qual não se identifica plenamente. Por ter um olhar autocrítico e muito distante de si mesmo, sente-se inadequado e pouco competente. Suas queixas são compatíveis com o esforço que se obriga a fazer quando escolhe um modelo de virilidade que não está em sintonia com seu temperamento. Seu desafio constante é interpretar o papel que supõe adequado para um homem, cujo sucesso e poder indicariam que ele "sabe quem é e o que quer". Mas esse homem não é ele! Apesar de profissional de sucesso, não se identifica com o poder que isso lhe confere. Tem dificuldade de reconhecer suas qualidades e vive angustiado por não preencher um perfil idealizado. Seu *sentir* e o seu *desejar* estão sempre em conflito com o que julga que seria "adequado" para o sentir e o desejar de um homem tal como ele idealiza. Introvertido e sensível, sonha em ser um daqueles machos truculentos e impositivos que qualifica como homens bem-sucedidos e a quem procura imitar.

Meninos e meninas amam igualmente as mães. Elas têm a mesma importância e o mesmo impacto na vida deles. Quando pequenos, ambos podem se agarrar às suas pernas ou refugiar-se em seu colo quando sentem medo. Os meninos, no entanto, são precocemente estimulados a abrir mão desse refúgio. Por quê? Cada homem sabe bem por quê. Cada homem lembra como a própria mãe foi exigente quando o incitava a não ter medo. E como se sentiu confuso e abandonado quando, não mais que de repente, passou a ser censurado por buscar nela algum tipo de proteção que era ou seria, naturalmente, garantida à sua irmã: "Você é menino, não tenha medo!"

Mesmo que as mães não percebam, elas fazem que seus meninos e meninas aprendam a *sentir* e a *desejar* sem pôr em risco a dinâmica social já estabelecida. Que saibam distinguir "quem manda", no que diz respeito aos jogos de poder da sociedade a que pertencem. Mal sabem elas quanta submissão exigem de filhos e filhas ao exercer seu papel socializador.

A garantia de eficiência do método está em transformar meninos ternos em guerreiros frios, destemidos e obrigatoriamente isolados do mundo das mulheres. Uma das consequências é o famoso estranhamento declarado pelos homens, quando confessam não entender o mundo feminino. Trata-se de uma cegueira afetiva, sequela do distanciamento prescrito.

Estabelecer vínculos amorosos, elaborar separações e saber expressar sentimentos são experiências que dificilmente deixarão de estar contaminadas pela vivência de perda do objeto amado. Como se entregar-se ao amor recolocasse a ameaça de sofrimento que marcou a construção de sua identidade masculina. Sentimentos de admiração e desejo em relação ao mundo feminino conviverão diuturnamente com a repugnância por tudo que possa sugerir uma renúncia voluntária aos prestígios e às marcas do papel viril. Fantasias a respeito de se deixar dominar pelos sentimentos, de se deixar seduzir ou de adoecer são aterrorizantes. Sentir-se fragilizado é uma ameaça à sua masculinidade.

Isso não significa que os homens fiquem impossibilitados de amar. Ao contrário, *dependerão* sempre do amor e da presença das mulheres. Poderão persegui-las, disputar com elas, dominá-

-las, mas a ameaça de perdê-las talvez desperte sensações insuperáveis de dor, senão de aniquilamento. Como prova, temos a enorme frequência de homicídios praticados por homens quando ameaçados de abandono por uma mulher. A ameaça de abandono fabrica o tormento.

Já no que diz respeito às meninas, a "marinada" com a mãe pode durar por tempo indeterminado, "até o molho ficar no ponto", permitindo à menina sentir-se inteiramente à vontade no mundo afetivo – o que, segundo Freud, define uma subordinação menos determinada à cultura por parte da mulher. Um detalhe que merece ser pensado como vantajoso para sua singularidade.

Essa é a receita original e "natural" de adequar meninos e meninas aos estereótipos de gênero, criando garotas "ameaçadoras" para os garotos – que, "civilizadamente" reprimidos e bloqueados, têm dificuldade de suportar a exuberância das expressões de afeto de suas companheiras.

Repito que o resultado dessa subordinação maior dos homens às ideologias impostas pela cultura, fortemente regulada pela necessidade de garantir a *permissão social* para qualificar um sujeito, impõe aos meninos que vivam com a ameaça latente de perder sua identidade. A ameaça que sentem não se limita ao externo. Não apenas a sociedade vai julgá-los. Ela é também internalizada. Qualquer deslize comportamental, qualquer manifestação maior de descontrole afetivo, qualquer sinal de interesse ou desinteresse pelo mundo da mulher podem pôr sua identidade em risco.

É inevitável que se leve em conta o processo de produção de nossa subordinação, considerando que somos o resultado de uma subjetivação primária forçosamente engajada. Questionar tal disciplinamento à "Ordem" requer um estágio de maturidade e independência no qual o desejo de emancipação deve ser mais forte que a dependência do reconhecimento.

Essa libertação se torna possível quando, tal como vem ocorrendo e já ocorreu em outros momentos da história, novas práticas passam a constituir novos grupos sociais que oferecerão abrigo àqueles que ousam resistir aos valores sociais hegemônicos. Os movimentos da chamada contracultura dos anos 1960, por exemplo, começaram por aceitar novos padrões de comportamento que, ameaçando os controles sociais estabelecidos, definiram novas formas de construção da subjetividade. Esse é o fenômeno que testemunhamos nos dias de hoje e a respeito do qual irei refletir no decorrer deste texto.

# 4.
# O belo sexo frágil

Por muito tempo, a crueldade do binarismo científico entendia o sexo feminino como nada mais do que o oposto do masculino. Na mesma linha ideológica e política, baseada em pseudoverdades universais, a ciência desacreditou o corpo da mulher, colocando a biologia a serviço da hegemonia.

Cláudio Galeno, médico, farmacêutico e filósofo italiano nascido por volta de 130 d.C., defendia a existência de um único sexo: o masculino. As mulheres nada mais seriam do que homens invertidos, já que seus órgãos genitais eram exatamente idênticos aos dos homens em posições ou localizações invertidas. Uma inversão que apenas provaria sua imperfeição e, portanto, sua inferioridade.

Em algum momento do século XVIII, quando a sociedade, influenciada por novos paradigmas, vinha sendo sacudida por outros fundamentos epistemológicos, a teoria do sexo único foi questionada pela própria biologia. Foi então que o ventre, que antes era uma espécie de pênis às avessas, transformou-se em útero. Mas nem mesmo a aceitação de diferentes sexos, embora com características anatômicas e funcionais próprias, contribuiu para uma visão de maior equidade entre os sexos. A lógica do poder foi mantida em detrimento da lógica do conhecimento. O prestigiado discurso médico da época, sob a aura de "neutralidade científica", produzia as grandes "verdades" sobre a sexualidade. Deixando-se orientar pela moral da assepsia, associava o "patológico" ao "pecaminoso". Voltado para a moral sexual, fazia coro com a pastoral cristã que dominou fortemente a cultura dos séculos XVII ao XIX, atribuindo significado à maneira como os indivíduos dão sentido e valor aos seus comportamentos, emoções, prazeres e desejos. Na passagem do século XIX para o XX, a psicanálise surgiu como o primeiro discurso no Ocidente surgido de uma interrogação sobre o feminino. Freud foi pioneiro ao denunciar a condição das mulheres, quando revelou sua perplexidade diante do território desconhecido que elas representavam. Porém, o fundador da psicanálise, também vítima do seu tempo, construiu suas hipóteses a respeito da constituição psíquica do humano com base no masculino – ainda que não sem deixar de declarar sua frustração diante do mistério que, para ele, sempre foi o universo feminino.

As causas do afastamento da mulher dos discursos ideológicos e políticos eram compatíveis com os princípios míticos fundadores da cultura[25] e apresentadas como verdades universais. A lógica dos valores cristãos justificou e criou um conjunto de circunstâncias que manteve a mulher mais isolada do que nunca, e mais tarde concebeu o erotismo feminino como essencialmente perigoso.

Eu mesma tive uma prova concreta da força dessa crença quando fui convocada, para um projeto do Ministério da Justiça, a realizar um debate com um grupo de sacerdotes. Senti-me obrigada a "entregar os pontos" diante da impossibilidade de diálogo entre nós. Tratava-se, obviamente, de um grupo de homens, todos representantes da Igreja Cristã em suas várias vertentes.

Estávamos nos anos 1990, após a ditadura civil-militar e a Nova Constituinte de 1988, e buscávamos formas de angariar instituições que pudessem aliar-se aos projetos voltados para os direitos das mulheres. Infelizmente, não foi possível encontrar nos representantes da Igreja nenhuma motivação capaz de superar o mito da responsabilidade de Eva no evento conhecido como o Mito da Queda.

Por mais incrível que pareça, o "pecado" de Eva, em pleno século XX, soava para eles como um "fato pecaminoso" que não recebera o perdão e os impedia de resolver o conflito entre condenar e proteger, a um só tempo, a figura da mulher. Na ocasião, pediram-me tempo para pensar numa possível forma de superar o conflito, o que eliminou qualquer perspectiva de contar com sua colaboração.

Por mais que se queira contestar, não há como escapar de um arranjo simbólico determinado fundante de nosso modo de pensar. Para isso não é preciso ser religioso. Nós, humanos, não só atribuímos significado ao mundo ao redor como buscamos sempre algo para nos ajudar a organizá-lo. E é também dos mitos de origem que os discursos ideológico e político tiram sua força. Em nosso caso, os fundamentos desse discurso estão na interpretação que a cristandade atribuiu ao mito judaico da Criação.

Curiosa em relação à força de sua aplicação universal, decidi-me a investigar o texto bíblico no que diz respeito à criação do homem e da mulher. Encontrei informações muito interessantes nos capítulos 1 e 2 do Gênesis. Enquanto Deus criava o mundo simplesmente nomeando as coisas para elas se constituírem, a criação dos humanos parece ter lhe dado muito trabalho.

No capítulo 1 do Gênesis (26:28, grifos meus), o mito diz que, após o quinto dia da Criação, Deus decidiu criar o homem sobre a Terra:

> Então disse Deus: "Façamos o homem à nossa imagem, conforme a nossa semelhança". [...] Criou Deus o homem à sua imagem, à imagem de Deus o criou; homem e mulher os criou. Deus os abençoou, e lhes disse: "Sejam férteis e multipliquem-se! Encham e subjuguem a terra!"

E assim, segundo essa primeira narrativa, teriam sido criados Adão e Lilith.[26] Mas Lilith rejeitou Adão porque entendeu que ele queria submetê-la: "Por que devo deitar-me embaixo de ti? Por que devo abrir-me sob teu corpo?"

Foi assim que Lilith não apenas abandonou Adão e o Paraíso como foi abandonada pelo relator do livro do Gênesis para vir a se transformar em um demônio no folclore popular hebreu.

Diante desse revés, Deus teve de fazer uma nova tentativa de criar uma companheira para Adão.

É quando o texto bíblico diz:

> Então o Senhor Deus fez o homem cair em profundo sono e, enquanto este dormia, tirou-lhe uma das costelas, fechando o lugar com carne. Com a costela que havia tirado do homem, o Senhor Deus fez uma mulher e a trouxe a ele. Disse então o homem: "Esta, sim, é osso dos meus ossos e carne da minha carne! Ela será chamada mulher, porque do homem foi tirada". (Gen. 2:21-23)

Eva, tendo sido criada de uma parte de Adão, já "nasceu" submetida a ele. Eva aceitou Adão e tornou-se sua mulher. A ele Deus ordenou: "Por essa razão, o homem deixará pai e mãe e se unirá à sua mulher, e eles se tornarão uma só carne" (Gen. 2:24).

Tudo ia bem, até que Eva, não resistindo ao desejo de conhecer o mistério contido na ordem de não comer nem tocar do fruto da árvore que estava no meio do Paraíso, desobedeceu-a. Provou do único alimento que lhes fora proibido: a fruta da "árvore do conhecimento do bem e do mal".

A cobra alertara Eva: "Deus sabe que, no dia em que dele comerem, seus olhos se abrirão, e vocês serão como Deus, conhecedores do Bem e do Mal" (Gen. 3:5).

A proposição da cobra era mesmo tentadora!

Reza o texto bíblico que Eva achou o fruto formoso, provou-o e o ofereceu ao companheiro, que aceitou experimentá-lo, apesar de saber que se tratava de uma desobediência. Como Deus previra, diante da revelação do bem e do mal, perdeu-se o Paraíso. Impossível, senão contraditório, ali permanecer. O espaço do Paraíso tornou-se pequeno diante do saber.

Então, Deus, ao expulsar Adão, lhe vaticinou: "Com o suor do seu rosto você comerá o seu pão, até que volte à terra [...]" (Gen. 3:19).

E a Eva: "Multiplicarei grandemente o seu sofrimento na gravidez; com sofrimento você dará à luz filhos. Seu desejo será para o seu marido, e ele a dominará" (Gen. 3:16).

E foi assim que o casal primordial teve de retirar-se do mundo da inocência, tal como uma criança se retira do mundo infantil, com Eva reiteradamente submetida a Adão. Desde aí o narrador se apressa em deixar isso bem definido.

Aqui uma dúvida: teriam Adão e Eva de fato surpreendido a Deus ou estariam, mesmo que não soubessem, apenas cumprindo seus desígnios? Por que um Deus, que criou o mundo por meio do cogito, utilizando-se do verbo, teria desejado que suas criaturas, criadas à sua imagem e semelhança, fossem inferiores a ele?

# 5.
## O sexo no pecado capital

É VERDADE QUE DEUS não criou o mundo para os humanos; ele o fez para Sua glória e atribuiu aos humanos a obrigação de se reproduzir a fim de cuidar daquilo que fora por Ele santificado. Para estimular a reprodução, Ele criou o sexo para lhes proporcionar alegria e felicidade. No texto bíblico, o sexo é qualificado como um ato sagrado.

O Cântico dos Cânticos, ou Livro de Salomão, trata justamente do amor entre uma mulher e seu homem e de seu prazer sexual de uma forma poética e expressiva. Consiste, na verdade, numa ode ao amor.

No versículo "O meu amado é para mim e eu para ele" (Can. 2:16), pode-se apontar a expressão da perspectiva do plano de Deus para a união entre um homem e sua esposa. Foi somente a partir de uma ressignificação dessa narrativa mítica elaborada pela Igreja católica que a repressão da sexualidade se impôs pelos princípios da culpa e do pecado. Desde então, um novo sistema de valores morais, tal como o conhecemos hoje, foi introduzido na história do Ocidente.

Em nenhum momento o sexo no Velho Testamento é interpretado como pecaminoso, nem Eva é considerada uma devassa responsável pela "derrocada moral" do casal, que atingiu toda a humanidade.

Fica difícil imaginar que, até o momento da narrativa em que Eva provou do fruto proibido e o ofereceu a Adão, não tenha havido sexo no Paraíso, com a anuência – senão o regozijo – de Deus. Não há na descrição do mito nenhum gesto de erotismo nem obscenidade que justifique o domínio ou a sedução de Eva sobre Adão. A não ser, talvez, nas possíveis fantasias eróticas de Santo Agostinho. Tampouco há referência a algum tipo de força coercitiva que obrigasse Adão a seguir o exemplo de Eva. A responsabilidade atribuída acima de tudo a ela, no mito do "Pecado Capital", tem servido de argumento para sustentar uma imagem tão inconveniente e vulgar da figura feminina que chega a corroborar com a necessidade de mantê-la sob controle.

Opondo-se à própria determinação divina de "Sejam férteis e multipliquem-se! Encham e subjuguem a terra! [...]" (Gen. 1:28), o cristianismo pregou o ascetismo, condenando o prazer sexual. Esse princípio foi responsável por uma contradição que, se de um lado pregava a expansão do cristianismo, de outro condenava o desejo, o prazer e a eroticidade. A solução foi encontrada na doutrina do matrimônio. Pelo casamento esterilizou-se e purificou-se o prazer e se liberou a prática do sexo apenas para a procriação, despindo o ato sexual de qualquer erotismo.[27] A dissociação entre sexualidade e prazer atingiu diretamente homens e mulheres. No entanto, como aos homens restava a possibilidade de obter prazer fora do leito matrimonial, mesmo gerando filhos bastardos, a histeria e a frigidez decorrentes desse sistema de valores tornaram-se a marca da sexualidade das mulheres, que tiveram de esperar até o século XIX para que alguém se dispusesse a ouvi-las.[28]

A repressão da sexualidade associada à questão do pecado foi responsável pelo legado da ideologia que se baseou no recalque de nossos destinos pulsionais, condenando a humanidade, como assinala Nietzsche, a "arruinar o corpo em prol de uma explicação definitiva da realidade".[29]

# 6.
## O pênis consagrado

CONFORME ACABO DE DESCREVER, o mito da Criação reza que Deus ordenou ao homem que fosse fecundo e dominasse a natureza, conferindo-lhe os atributos necessários para exercer o sexo e o poder sobre a mulher. E, para que ninguém negasse as profecias, o discurso social referendou-as, consagrando o órgão sexual do homem como símbolo máximo de sua supremacia.

Como a figuração do sagrado costuma se dar por emblemas, o do pênis sacralizado é o falo, que se impõe à vulgaridade da vagina. Representado por um pênis ereto, o falo é universalmente consagrado e ratificado. Adorado como um deus, usado como amuleto, comparado com o sol, em diferentes culturas tem sacralidade garantida no panteão das divindades. É o representante de uma energia fertilizadora, a emanação de Deus no homem. Diante dele, o útero, em outros tempos cultuado como símbolo de procriação, perdeu seu lugar de prestígio.

A consagração do falo, solidária ao mito monoteísta do homem à semelhança de Deus, se concretizou no pênis como representante de sua autoridade, força e determinação. Representa a lança do caçador, a espada do herói, o depositário da sua masculinidade e de seu poder. Todas as teorias ocidentais a respeito do humano, com exceção de um possível período matriarcal, tiveram o falo como organizador social, cabendo a cada homem a responsabilidade de fazer jus a essa posição. Sua consagração marca o percurso do menino peniano em direção ao homem fálico – como vimos, por meio de rituais de iniciação. Esses rituais, obedientes aos princípios da Ordem, são obrigatórios no mundo masculino até que se complete a interiorização das exigências e interdições parentais que definirão sua posição de macho adulto.[30] Só então, reconhecido como fiel portador do falo, ele poderá gozar de uma posição soberana na tribo dos humanos, apesar de sua vulnerabilidade. Vulnerável porque responsável pelo estrito cumprimento da Ordem à custa de renúncias e compromissos, já que qualquer "falha de conduta" poderá arremessá-lo ao espaço do feminino, desmoralizando-o e destituindo-lhe o poder.

Nesse mundo instável das masculinidades, o falo se apresenta como o símbolo maior de garantia da sua estabilidade. Do ponto de vista da religião, o ato sexual pode ter caráter sagrado ou profano. Do ponto de vista da ciência, ele se traduz pelo seu caráter social e determina a produção de corpos, histórias e identidades. Sempre tudo sob a égide normativa do falo como referência central. Do ponto de vista das subjetividades, a atividade do pênis se confunde com o símbolo de poder que o falo representa. De tal modo que, como diz o ditado: "Um felácio todo dia traz saúde e alegria!"

É o falo, portanto, que domina as representações subjetivas não apenas de seus portadores como de toda a sociedade. Difícil dizer se, para os homens, o pênis é um prolongamento do corpo ou se o corpo é um prolongamento do pênis. De qualquer modo, sua atividade é fundamental para gerar autoestima nos homens, mesmo que isso possa lhes trazer inúmeros problemas.

Vários são os depoimentos que explicitam como "cair na gandaia" ou "comer um monte de mulheres" pode apaziguar nos homens sentimentos de ansiedade ou frustração. É comum, depois de um rompimento amoroso, enquanto as mulheres se recolhem na dor, choram e se desesperam, os homens se entregarem a grandes orgias. Um paciente fez uso desse "remédio" durante certo período da sua vida, quando os negócios iam muito mal; outro, com queixas de desamparo após o nascimento do primeiro filho, buscou, durante longo período e sem nenhum critério, superar suas fantasias de abandono praticando relações sexuais com várias mulheres diferentes. Essa pode ser uma boa fonte simbólica de alívio para os homens em geral. Já para boa parte das mulheres, sexo é bom, mas não resolve seus problemas. Muitas, ao contrário, se abstêm de praticá-lo durante longo período após uma desilusão amorosa.

Todo homem sabe que o pênis tem independência e vontade própria. Sem nenhum comando da consciência, uma ereção espontânea poderá propiciar ao seu portador a oportunidade de se exibir ou de se constranger. É esse caráter de independência, de não submissão do pênis, que confunde o homem – e talvez seja esse o atributo que mais justifique o *status* sagrado desse órgão.

Em 2001, o escritor americano David Friedman publicou um livro que postula que o pênis, muito mais que uma parte do corpo, é uma ideia, um conceito, algo que define o lugar do homem no mundo.[31] Não apenas no Ocidente, o pênis representa tanto a irracionalidade da natureza quanto o poder divino. Diante disso, Friedman se pergunta: "É o pênis o melhor ou o pior num homem? Será o homem responsável pelo seu pênis, ou o seu pênis por ele?" O autor conclui que, diante do pênis, o homem não pode mentir. De todos os órgãos do corpo, ele é o único que o denuncia e o obriga a enfrentar, seja o que for.

Volto a enfatizar que o maior problema que o poder do pênis/falo traz consigo, no que diz respeito ao seu portador, é a insegurança emocional que ele pode promover. Por exemplo, enquanto todo ser com vagina é sempre uma mulher, e disso ninguém duvida, nem todo ser com pênis é um homem ou se mantém homem todo o tempo. Ser homem não é apenas um substantivo. Ele é também um adjetivo no sentido de seu *status*. Por isso obriga a cada homem provar obstinada e ininterruptamente, a si e à sociedade, quem ele é. Esse é um fator de risco, responsável por ações impulsivas temerárias que podem ir desde confrontos corporais até a prática de homicídios, sem deixar de levar em conta o alto número de suicídios registrados nesse grupo.

É bom lembrar que, como símbolo do poder e da completude, o pênis é apresentado em ereção. Caso o pênis não esteja ereto, estaremos diante de outro símbolo: o da impotência. Eis por que um pênis flácido é um símbolo absolutamente ameaçador do ponto de vista das masculinidades.

Por isso, o compromisso com um pênis idealizado, na relação com as mulheres, é tão exagerado que muitos homens tendem a usá-lo mais como uma ferramenta concreta de autoafirmação, um atributo olímpico de superioridade do que como uma fonte de prazer genuíno.[32] Aliás, para os homens, um pênis ereto pode ser mais um elemento de prestígio social do que de prazer físico, já que a ereção e a ejaculação, como já mencionei, representam fontes essenciais de autoestima.

A Ordem impõe ao homem manter-se poderoso diante da mulher, seja como amante ou como senhor. A violência pode ser uma das variáveis dessa equação. O exibicionismo, o estupro, o homicídio e outras formas perversas de erotismo são expressões tipicamente masculinas de abuso de poder. Acrescentem-se a isso a imagem *demonizada* da mulher e o direito outorgado ao homem de controlá-la e mantê-la sob seu jugo.

No livro *O Império é você*[33], Javier Moro descreve a infância de Dom Pedro I e de seu irmão Miguel, ressaltando dois aspectos da cultura que marcaram de forma primordial a infância dos meninos na Corte do Rio de Janeiro:

> O que mais os divertia era brincar de guerra. Enfrentavam-se em sangrentas batalhas e se atacavam com facas, paus, pedras, estilingues [...]. A fúria que empregavam nos combates era apavorante para a idade dos combatentes e o número de feridos, altíssimo. [...] como quase ninguém dava importância ao conhecimento e à cultura [...] se considerava a coisa mais natural do mundo que o filho de um europeu tivesse sua própria escrava para desfrute sexual. [...] se valorizava que os jovens andassem com mulheres, que fossem

conquistadores, defloradores das jovens e se utilizassem de gestos e palavras obscenos para não serem tachados de afeminados. Isso era válido para todo o espectro social, da plebe à corte.

Esse fragmento descreve bem os valores definidores do comportamento masculino naquilo que viria a ser a República do Brasil – e como masculinidade, poder, violência e sexo, em nossa sociedade, estão associados e vieram para ficar.

Porém, qualquer dispositivo de ordem simbólica funciona como atribuição de sentido a determinado momento social e histórico, mas tem prazo de validade. O conhecimento não é uma explicação definitiva da realidade. Num momento em que o cenário social reivindica espaço para as diversidades sexuais e se organiza uma nova ordem simbólica, torna-se imprescindível reavaliar a pertinência de uma teoria que utiliza o falo como principal e único organizador social. Desse ponto de vista, eu não consideraria a situação atual simplesmente uma crise das masculinidades, mas a crise de uma crença que durante séculos dominou a construção de nossa subjetividade.

# 7.
## Sobre *quem tem* e *quem não tem*

O MODELO MASCULINO DE ereção é basicamente um modelo hidráulico. Diante de qualquer estímulo (visual, auditivo, imaginária ou tátil) do córtex cerebral, o sangue aflui para o pênis e a ereção acontece. O orgasmo também ocorre de forma simples: basta que o sangue se dirija a determinado ponto para que o clímax ocorra. Isso do ponto de vista mecânico.

Já para as mulheres, dispor-se a uma relação sexual pressupõe um interesse que começa antes e termina muito depois do ato sexual. Por exemplo: o homem não deve tratar a mulher de forma ríspida pela manhã e esperar que ela, à noite, seja receptiva a seus avanços sexuais. Tédio e falta de surpresas também matam o desejo feminino. Mulheres são extremamente sensíveis aos elementos externos que possam demandar sua atenção. Qualquer pequeno incidente – o choro do bebê, o telefone que toca, a diarista que faltou, conflitos no trabalho – é suficiente para funcionar como um balde de água fria na sua disposição para o sexo. Diferentemente do homem, a mulher não tem, para o bem ou para o mal, como sugere Friedman, um cérebro abaixo da cintura. Talvez por isso as mulheres tenham adquirido, no senso comum, o injusto atributo de frígidas.

Pouco se menciona, ainda hoje, a influência do fator emocional no desempenho peniano. Isso porque, até pouco tempo, raramente se considerou que problemas masculinos como falta de ereção ou ejaculação precoce pudessem ser consequência de um estado emocional. Essas dificuldades eram em geral atribuídas a alguma falha no desempenho da mulher – que conviveu séculos com a síndrome da ejaculação precoce imaginando que o problema fosse seu.

Por todas essas particularidades ou, até recentemente, pela falta de interesse dos laboratórios farmacêuticos em investir em pesquisas que não geram grandes lucros, a compreensão a respeito da resposta sexual feminina permaneceu um mistério. A ausência do clímax na mulher nunca representou tema de interesse, a não ser para os grupos femininos. É de conhecimento popular o fato de muitas mulheres afirmarem que desde sempre se "sujeitaram" ao seu compromisso de esposas e até, se necessário, simularam um orgasmo. Isso confirma, de um lado, sua submissão; de outro, a necessidade de confirmar as qualidades viris de seus homens, mas também pode ser visto como uma maneira de livrar-se rapidamente de suas "obrigações".

Um homem não conseguir uma ereção é um caso de emergência, mas a tão famosa e proclamada frigidez feminina nunca, até hoje, transcendeu o nível da curiosidade e do folclore. Em parte porque as próprias mulheres colaboraram com isso, em parte porque elas não representavam, até pouco tempo atrás, um mercado consumidor importante. E também porque ninguém sabe bem até hoje "o que deseja uma mulher".

Muito recentemente, diante da paulatina liberação da sexualidade feminina, os grandes laboratórios farmacêuticos vêm investindo na busca de um produto paralelo ao Cialis ou ao Viagra para mulheres, mas ainda não se tem notícia dessas novidades no mercado.

No entanto, essa história tem outro lado: aquele que diz respeito à *competência masculina* para excitar ou dar prazer a uma mulher. Talvez esse não tenha sido um prato comumente ofertado às mulheres no cardápio da sexualidade. Uma piadinha feminista ilustra essa realidade:

Numa conversa entre a vagina-mãe e a vagina-filha, diz a última:

— Mamãe, andam dizendo por aí que somos frígidas!
Ao que responde a vagina-mãe:
— São as más línguas, minha filha!

Pois é. Esse e outros tipos de dificuldade levaram o mundo a supor que o êxtase no sexo é secundário para a mulher, a qual, aliás, não deve sequer confessá-lo, para que não soe como uma invasão do território masculino.

Um episódio extraído da mitologia grega aponta nessa direção.

Certo dia, no Olimpo, Zeus e sua mulher, Hera, discutiam acaloradamente sobre quem teria maior prazer no ato sexual, o homem ou a mulher. Para resolver a questão, decidiram pedir a opinião de Tirésias, que na mesma existência fora mulher e homem. Sem pestanejar, Tirésias respondeu que o prazer da mulher era nove vezes maior que o do homem. Hera ficou tão furiosa com a resposta que se vingou cegando Tirésias para sempre.

É compreensível que Hera tenha se irritado com Tirésias, pois, ao revelar a dimensão do gozo da mulher para Zeus, ele expusera, simbolicamente, sua potência fálica, transformando-a numa verdadeira ameaça. O gozo fálico é um grande segredo feminino, vivido sorrateiramente, às escondidas, já que o gozo do homem, por ser o portador do falo, não pode ser superado. Trata-se de um verdadeiro "delito" que ameaça a lógica da fantasia de completude que a ideia do falo concede. Simplificando, isso significa que, por ser portador do falo, o homem dominaria não apenas os espaços do poder, mas também os do prazer. A completude do homem aponta para algo que evoca a castração da mulher e sua incompletude.[34]

Como o homem é *quem tem* o falo, quando ele trai não faz mais que comprovar sua potência; já a mulher, agindo da mesma forma, é corrompida pelo mal. O galã sedutor apenas responde à solicitação do seu código hormonal. A mulher é uma puta.

Mas, seguindo a trilha da piadinha anterior, hoje se comenta que os homens nem sempre são tão "bons" quanto se imaginava.

Entretanto, essa sempre foi uma falha, que devia ser negada, e as próprias mulheres, tal como Hera, colaboraram com isso. Resultados de pesquisas atuais apontam uma série de disfunções de natureza sexual nos homens, como desinteresse sexual, ejaculação precoce, falta de ereção e outras que são, em parte, atribuídas ao estresse da vida contemporânea. Essa é, no entanto, uma hipótese difícil de ser comprovada, uma vez que não existem dados anteriores sobre o tema que sirvam como base de comparação.

Pesquisa sobre o sono realizada na Universidade Federal de São Paulo[35], liderada pelo psicobiólogo Sergio Tufik, questionou 467 homens sobre hábitos ligados ao sexo. Uma das perguntas, a respeito de disfunção erétil, era a seguinte: "Como você descreveria sua capacidade de ter e manter uma ereção adequada para um intercurso satisfatório?" Responderam que conseguiam "às vezes", ou "nunca", 17% dos entrevistados. Essa taxa, bastante significativa, atinge 63% dos homens acima de 50 anos e 7% daqueles entre 20 e 29.

Uma pesquisa original, feita pelo Instituto Datafolha, informa que, entre os homens na faixa dos 18 aos 60 anos, o medo de não satisfazer a parceira sexualmente aflige 56% deles, e um quarto dos homens admite já ter fingido orgasmo.[36] A disfunção erétil começou a ser divulgada e tratada somente a partir dos anos 1990, enquanto doenças da próstata, que podem provocar impotência, começaram a ser diagnosticadas apenas na década de 1980. Portanto, foi nos últimos 20 anos, com os movimentos de emancipação da sexualidade feminina, que essas disfunções passaram a ser notadas e diagnosticadas.

Bem-vindos ao mundo dos humanos, companheiros! Hoje, nós nos tornamos a cada dia mais imperfeitos, na alegria e na dor, e esse pode ser um bom começo de conversa. Enquanto ela não acontece "pra valer", continua-se na mesma: o homem *faz que tem*, a mulher *faz que não tem* [37] e assim se convive, relativamente, em paz.

# 8.
# Ecos do passado

O MODELO FAMILIAR QUE prevalecia no Brasil ainda na década de 1950 era o da família hierárquica, organizada em torno da supremacia do masculino. Tal como numa pirâmide, os mecanismos eram de subordinação entre seus vários membros, tendo a figura do pai no topo. Este se apresentava como alguém que sabe, mais e melhor, o que é bom para sua família, cabendo a ele *zelar* por ela por meio do exercício legítimo da disciplina e da manutenção da honra.

Graças à sua relação privilegiada com o trabalho, a religião e a política, era aparentemente fácil para os homens assegurar seu poder com os princípios jurídicos e sociais da época.[38] Aqui, como em outros países, os homens sempre criaram as leis às quais as mulheres deveriam se submeter e fiscalizaram sua sexualidade. Para Foucault[39], as mulheres foram julgadas, condenadas, classificadas (putas, virgens, tias, galinhas, balzaquianas etc.) e obrigadas a desempenhar tarefas; em resumo, foram destinadas a viver ou morrer em função do discurso masculino.

No Brasil, vindas da metrópole, as Ordenações Filipinas representaram, no século XVII, uma primeira e duradoura forma da legislação colonial brasileira. Nem mesmo a independência do Brasil gerou uma ruptura imediata com a ordem jurídica herdada de Portugal. Pelo menos não em seus aspectos dominantes. As normas relativas ao direito civil só foram definitivamente revogadas no Brasil com o advento do Código Civil de 1916.

Segundo elas, era permitido aos maridos o direito de aplicar castigos físicos às suas mulheres e de tirar-lhes até a vida, em caso de suspeita de adultério. A seguir transcrevo a forma da Lei:

TÍTULO XXXVIII

Do que matou sua mulher, por achá-la em adultério

Achando o homem casado sua mulher em adultério, licitamente poderá matar assim a ela como ao adúltero, salvo se o marido for peão, e o adúltero, fidalgo, ou nosso desembargador, ou pessoa de maior qualidade [...]

O texto da lei conferia aos homens, claramente, o direito de praticar qualquer tipo de violência contra sua mulher, desde que o julgasse lícito e desde que ele fizesse parte da classe social dos poderosos.

Durante séculos, os homens brasileiros tinham esse direito. As alterações na lei foram lentas e gradativas. Somente em 1962, com o *Estatuto da Mulher Casada*, quando o marido deixou de ser o chefe absoluto da sociedade conjugal, a mulher tornou-se economicamente ativa e foi liberada para a condição de cidadã. Ainda assim, os efeitos das práticas mais grosseiras de dominação se fizeram sentir até pouco tempo, por meio da tese da "legítima defesa da honra conjugal", à serviço da defesa de maridos que "matam por amor" – ora porque foram traídos, ora porque foram ameaçados de abandono. Somente a Constituição de 1988 teve o cuidado de deixar absolutamente expresso o princípio de direitos iguais a homens e mulheres (embora não tenha conseguido igualar os direitos dos próprios homens do ponto de vista financeiro, social e racial).

Mesmo que algumas ações coletivas tenham sido promovidas já no século XVIII, foi somente na metade do século XX que movimentos organizados de vários países conseguiram legitimar o debate a respeito da importância da condição da mulher, tanto política quanto cientificamente. Os anos 1990 marcaram, no Brasil, o avanço dos movimentos feministas no campo do direito civil e da vida política; mas, apesar das várias conquistas alcançadas desde então, nas esferas sociais e intelectuais, no mercado de trabalho e na organização das famílias, resquícios da antiga opressão se mantêm ativos e resistentes. Tanto que a prática tenebrosa da violência contra as mulheres permanece.

Duas leis foram promulgadas em poucos anos com o intuito de "combater "essa prática: a Lei Maria da Penha de 2006, que cria mecanismos para combater a violência doméstica e familiar contra a mulher; e a Lei do Feminicídio, que altera o código penal para incluir mais uma modalidade de homicídio qualificado: o feminicídio.

Hoje, quando as mulheres já podem denunciar judicialmente seus parceiros sem se sentir ameaçadas, apesar das várias medidas de contenção, o fenômeno continua cada vez mais ativo. Mesmo levando em conta que ele seja mais visível, os números são assustadores. Segundo o mapa da violência de 2015, entre 1980 e 2013 – lembrando que a Lei Maria da Penha[40] entrou em vigor em 2006 –, temos que,

> "num ritmo crescente ao longo do tempo, tanto em número quanto em taxas, morreu um total de 106.093 mulheres, vítimas de homicídio. Efetivamente, o número de vítimas passou de 1.353 mulheres em 1980 para 4.762 em 2013, um aumento de 252%. A taxa, que em 1980 era de 2,3 vítimas por 100 mil, passa para 4,8 em 2013, um aumento de 111,1%." [41]

Esses dados colocam o Brasil no quinto lugar no mundo em relação ao feminicídio. O número de assassinatos de mulheres, em nosso país, é 48 vezes maior que na Inglaterra, por exemplo.[42] Embora, logo depois da promulgação da Lei, o número de vítimas tenha caído ligeiramente, logo voltou a subir. Esses dados nos permitem supor que, se houve uma pequena redução logo após a divulgação da Lei, esta rapidamente se viu desmoralizada pela população, talvez por sua inadequação do ponto de vista da cultura. Os próprios juízes reagiam a ela de forma contraditória. Conclusão: além do alto índice de assassinatos, os casos de estupro, de abuso e de assédio sexual chegam a ser considerados banais nesse país em que, a cada quatro minutos, um estupro é praticado.

O fato é que não apenas aqueles que praticam a agressão, mesmo na vigência de leis protetivas, podem ser os únicos culpabilizados, uma vez que estão protegidos por um sistema discursivo ambíguo que, se de um lado condena suas ações, de outro age de forma dissimulada a favor da manutenção do *status quo*. É evidente que as instituições encarregadas de reagir contra o fenômeno da violência estão ainda muito mais subordinadas às mesmas invariantes culturais tradicionais do que a uma proposta de igualdade e alteridade. O próprio profissional encarregado de atender à mulher, seja uma delegada de polícia, um policial militar, um procurador ou um advogado, tende a mostrar-se pouco receptivo à sua fala, à urgência de seus pedidos ou à adequação dos métodos de repressão sugeridos.

Por outro lado, o processo costuma ser demorado e em grande parte dos casos a mulher pode vir a ser assassinada antes que uma medida protetiva seja solicitada. Trata-se de um sistema que denuncia como a sociedade tem sido resistente em sua oposição ao discurso ideológico e político apoiado na desigualdade dos sexos.

Quer dizer que o próprio Estado, responsável pela proteção da mulher, está – consciente ou inconscientemente – subordinado ao discurso hegemônico.

Sabe-se que, no que diz respeito à cultura, homens e mulheres são igualmente submetidos aos mesmos modos de dominação, de forma que a resistência às mudanças sociais pode independer do sexo. Menciono esse fato porque muitos falam em resolver essas questões selecionando exclusivamente mulheres para o atendimento das vítimas. Entretanto, se considerarmos as queixas das usuárias, as delegacias especiais, quase sempre dirigidas por delegadas, não têm se mostrado mais eficientes do que outras.

Dessa ótica, embora pareça abominável o que vou dizer, o homem que espanca, abusa ou mata uma mulher não faz mais do que exercer o padrão de comportamento estabelecido como "natural" no que diz respeito à sua condição masculina. Um padrão esperado para uma sociedade cujo organizador social induz ao reconhecimento de um grupo à custa da exclusão do outro.

De outro lado, um aspecto extremamente importante, de meu ponto de vista, refere-se à incompatibilidade entre o crime cometido e o castigo infringido. Trabalhos realizados com grupos de homens têm demonstrado que a prisão daquele que praticou a violência é insuficiente para suprimir seu comportamento. Ao contrário, nosso sistema prisional está longe de oferecer condições para mudanças de ordem comportamental que sejam positivas. O problema diminui – e por vezes desaparece – quando é tratado em grupos de discussão e ressignificação. Não se trata de abrandar a Lei, mas de adequá-la aos conteúdos subjetivos que a regem. Não se combatem ideologias com bombardeios nem com prisões.

Entre os inúmeros autores que se dedicaram à análise das relações de dominação e aos processos de submetimento correspondentes, está Maurice Godelier[43], antropólogo francês do século XX, que afirma que a força maior numa relação de dominação é dada mais pelo *consentimento ativo* do dominado do que pela truculência do dominador. Quando dominados e dominadores partilham as mesmas representações, a convicção do pensamento ocasiona a "adesão à vontade". No caso da dominação masculina, pode-se constatar que os homens contaram, por longo tempo, com o "consentimento ativo" das mulheres. Godelier e também Foucault[44] postularam que o exercício da obediência não depende do poder repressivo; ele pode ser ativado pela via do envolvimento dos sujeitos, de seu *engajamento ativo* e de sua disposição à subordinação.

Considere-se, pois, que dominados e dominadores partilharam e se sujeitaram às mesmas representações, construindo um cenário no qual, durante séculos, reinou o consenso. Aos homens coube todo o poder moral, em troca do compromisso com os provimentos, da proteção física da família em relação ao "mundo hostil" e da mediação entre as esferas pública e privada.[45] Sentindo-nos protegidas, mantidas e favorecidas, nós, mulheres, vivemos em aparente harmonia e até em plena colaboração com esse esquema social. Aos homens coube o acesso privilegiado a todos os tipos de controle; às mulheres, o submetimento social, sexual e emocional. A responsabilidade moral do pai incluía o poder punitivo sobre seus "protegidos".

Seja por aceitação passiva ou consentimento ativo, regras do bem-viver foram estabelecidas e respeitadas por todos. Elas eram tão claras quanto os poderes e a divisão do trabalho. Os homens legislavam sobre o comportamento moral da família, que deveria ser transmitido pelas mulheres às novas gerações. É verdade que problemas de ordem doméstica eram considerados falhas das mulheres no cumprimento de suas tarefas; por sua vez, falhas no cumprimento das tarefas masculinas colocavam sua identidade em risco. Conflitos eram, assim, vividos solitariamente por ambos – quando não encobertos ou negados.

Embora tenha havido umas poucas manifestações femininas contra a Ordem, do século XVIII aos anos 1950, por inúmeras razões econômicas, sociais e culturais, os casais ainda buscavam encontrar satisfação dentro desse arranjo. Até o fim da Segunda Guerra Mundial, experiências de harmonia e conforto reinantes nos lares da classe média qualificaram esse período de "anos dourados". O pós-guerra, a tecnologia a serviço da vida doméstica, o aumento do consumo e a religião, com suas promessas de amor eterno, despertavam na classe média a fascinação pelo amor romântico, projetando um cenário idílico de família. Tal cenário glamoroso e sedutor, consagrado pela mídia – sobretudo pela publicidade –, chegou a atribuir à vida doméstica a poética alcunha de "lar doce lar". Sustentadas por essas crenças, as mulheres entregaram-se docilmente à servidão voluntária, ou qualquer outro nome que se queira dar, sem perceber que a fantasia de bem-estar caminhava para seu esgotamento.

Quando a filmografia americana e europeia trouxe à baila essas questões, já era tarde demais para grande parte as mulheres da década de 1950. O diretor sueco Ingmar Bergman produziu, em 1973, o filme *Cenas de um casamento*. Nas sequências iniciais, um casal com duas filhas é entrevistado para uma revista feminina a respeito de seu segredo para manter a aura de felicidade exibida na sua vida conjugal. O marido, Johan, se apresenta com desembaraço, exibindo uma *persona* competente e segura, enquanto a mulher, Marianne, se mostra, apesar de bastante sensível e inteligente, mais tímida e menos assertiva em suas proposições. Note-se que, no caso, os dois são profissionais liberais – ele carreirista e ela mais acomodada num ofício "escolhido por seu pai". Tudo nos faz crer que o feliz casal acredita no conceito de segurança que, após dez anos de convivência, construiu para si. A trama explode quando Johan, repentinamente, se apaixona por uma mulher mais jovem e parte com ela rumo a Paris. Atônita, Marianne ainda assim é absolutamente solícita ao marido, a ponto de ajudá-lo na arrumação das malas. A separação, contudo, obriga-a a refletir sobre si mesma. Pouco tempo depois, Johan vem jantar com ela na antiga residência do casal e, tomado de nostalgia, tenta seduzi-la. Confessa estar um tanto decepcionado com sua companheira atual, que, talvez por ser jovem, é mais exigente e briga muito com ele. Na ocasião, Marianne não se permite deixar seduzir e, num momento de intimidade, sugere mostrar a ele um diário em que vem registrando suas descobertas e reflexões. Johan se propõe a escutá-la, mas adormece enquanto Marianne lê um depoimento contundente, no qual confessa ter se dado conta de como eles, cada um a seu modo, haviam aprendido a ser sempre "obedientes e corretos". De como na infância ela, para não ser punida, havia se dedicado a fazer apenas o que supunha que a mãe *queria que ela quisesse*. De como sua geração, por covardia ou ignorância, impôs corresponder às expectativas dos pais, inclusive na decisão sobre sua formação profissional.

Bergman não poupou os homens nesse discurso. Apontou para o prejuízo de todos os que, submetidos aos valores e preconceitos consagrados pelo sistema patriarcal, sentiram-se obrigados a acomodar ou reprimir seus anseios, talentos e desejos por meio do medo, da culpa e da vergonha, instrumentos eficientes na formação de suas personalidades.

Em 2002, outro filme, *Longe do Paraíso*, do diretor americano Todd Haines, aborda o mesmo tema do ponto de vista de sua sociedade. Ele denuncia os mesmos prejuízos existenciais, quando a Ordem, com seus mitos e preconceitos, determina o enquadramento da pessoa social, marcando a vida anímica de seus ordenados. Na história, Frank e Cathy são um casal modelo numa pequena cidade americana no final da década de 1950. Ele, um importante executivo; ela, a esposa dedicada e atenciosa, que cuida do bem-estar da família sem deixar de lado suas obrigações com a comunidade. Os dois, exemplos de competência, elegância e produtividade, ocupam um lugar de destaque naquele microcosmo. Ele representa o sucesso profissional e econômico, enquanto ela encarna a "assistente social" elegante. Entretanto, Frank carrega um segredo: sente-se constantemente atraído sexualmente por outros homens. Trata-se de uma realidade inconcebível para o contexto socioeconômico em que o casal está inserido, já que ameaça todo o arcabouço sobre os quais foram construídos seus desejos de realização. Mesmo assim, em certa ocasião, quando Cathy flagra o marido com outro homem, apesar de chocada, ela se comporta de forma respeitosa e, em silêncio, continua a ser obsequiosa e submissa a ele. Quando Frank finalmente confessa, ela o acompanha a um psiquiatra que promete ajudá-lo a "curar-se de sua doença".

Entretanto, a imagem social do casal começa a desmoronar, não por causa do segredo de Frank, mas porque Cathy, revoltada por uma situação de discriminação racial sofrida por seu jardineiro negro, procura ajudá-lo. É o gesto de uma branca procurando ajudar um negro que provoca a revolta da comunidade. O marido exige que ela dispense os serviços do jardineiro. Pressionada, apesar de ciente da sua hipocrisia, Cathy se obriga a demiti-lo. Essa exigência do marido a atinge mais moralmente do que sua homossexualidade. Seus ideais desmoronam. O casal já não é mais o mesmo. Cathy admira mais o caráter do jardineiro que o do marido. Finalmente, este se apaixona por outro homem e, decidindo assumir a relação, abandona a família.

Todd Haines tampouco poupa aos homens no que diz respeito ao prejuízo que representa um discurso social que exalta a obediência coletiva em detrimento das necessidades dos indivíduos.

E assim, no sonho do "lar doce lar", mesmo que hipocritamente sustentado e transmitido para as novas gerações, mulheres e homens são igualmente subjugados. Elas pelos machos dominadores; eles, por sua própria necessidade de dominar.

Os últimos anos da década de 1950 marcaram o fim dessa era, dando início a um lento processo de desmoronamento dessa forma de organização social já corroída pela hipocrisia e pela mentira. A insatisfação dos dominados em relação às suas posições de subordinação passou a ser denunciada. Por outro lado, era como se os próprios homens, na condição de dominadores, já não encontrassem em si forças suficientes para manter a farsa. As mulheres puseram-se a questionar com veemência sua submissão. Iniciou-se a marcha de resistência ao assujeitamento.

Infelizmente, esse tem sido um movimento eminentemente feminino. O estudo das masculinidades aparece apenas nos grupos de gays e transexuais, ou seja, aqueles que, de alguma maneira, já tiveram de aprender a suportar a dor provocada pelo desamparo. Dos homens heterossexuais, surdos tanto à filmografia quanto a outros sinais, resta-nos observar seus prejuízos. Pouco ou nada sabemos de sua vida privada.

# 9.
## A ponta do *iceberg* (nada é tão simples quanto parece)

SE POUCO É DITO a respeito da vida privada dos homens, muito se fala a respeito de sua violência. Enquanto eu, aqui, reivindico algum pronunciamento dos homens a respeito de si mesmos, lá fora pululam na mídia notícias a respeito de suas práticas agressivas. Na rua e em lugares públicos, mas também na intimidade da vida doméstica, a violência de alguns homens tem impactado toda a sociedade brasileira, indo da incivilidade à brutalidade, do grotesco ao cruel. Qual é o significado dessa incontinência? E como não julgar seu comportamento em relação às mulheres? O aparente desdém refletido nas cenas de violência, em um momento em que o discurso social se volta para uma ordem simbólica pautada pelo igualitarismo, causa revolta.

Quando todos os olhos se voltam para novas práticas nas relações de gênero, alguns homens ainda se amparam nos modelos mais arcaicos de relacionamento, comportando-se como trogloditas, senhores de engenho, desbravadores de florestas, espancadores de escravos e de mulheres. Está claro que esses homens, constituídos subjetivamente dessa forma, não conseguiram superar o anacronismo de uma ordem simbólica tradicional para adaptar-se ao novo discurso social. Por quê? Em primeiro lugar e de forma evidente, pelos usos e costumes e pelas leis que os consolidaram, ativas durante tantos séculos e vigentes até recentemente.

Em relação aos aspectos mais subjetivos, apesar da ausência de pesquisas voltadas para a compreensão do fenômeno, as proposições se repetem, apontando para sua condição hegemônica a origem de todo o mal. Novas leis, baseadas no princípio da punição, têm sido promulgadas com o intuito de refrear, pela força, o controle desse tipo de comportamento. Apesar dos esforços nessa direção, seus resultados têm se mostrado muito pouco eficientes, provando que a parte visível do fenômeno não tem sido suficiente para nos elucidar sobre qual o caminho mais eficiente no processo de *deslegitimizar* a violência contra a mulher.[46]

Essas práticas são construídas por uma rede tão complexa de influências que a razão não consegue alcançar. Nesse sentido, o que se apresenta ao nosso olhar não é mais que a ponta de um *iceberg*. Digo isso porque, no tocante às nossas "tribos", são evidentes, a olho nu, o exercício do poder masculino e o submetimento das mulheres. Porém, cuidado! Convém levar em conta que o caráter absoluto dessa supremacia não é real. Há muitas incompatibilidades entre os modelos de poder masculino e a condição real dos homens. Também há vários níveis de submetimento das mulheres.

Quem não conhece a famosa piada: "Em casa quem dá a última palavra sou eu: SIM, SENHORA!"?

Além disso, mesmo que se considerem todos os possíveis fatores interagindo abaixo do nível do observável, abaixo das máscaras sociais, dificilmente alcançaremos as razões de cada homem ou de cada mulher. No entanto, a sociedade insiste em interpretar as práticas masculinas como se tivessem uma lógica fácil, como se bastasse o nosso interesse se manifestar para se tornarem imediatamente compreensíveis. Não é bem assim. É preciso uma ginástica mais argumentativa para entender o homem e o fenômeno da hegemonia masculina que se mantém tão vivo e arraigado à cultura, mesmo após tantos avanços na direção contrária. É preciso um esforço maior para entender que tipos de insegurança, angústia e impotência estão em jogo para que seu descontrole se expresse em atos violentos, que atingem justamente aquelas mulheres que eles dizem amar. Assim também, é preciso entender por que algumas mulheres se submetem às práticas agressivas perpetradas pelos homens que amam.

Por onde devemos começar a buscar a compreensão desses fenômenos? Se quisermos ouvir Foucault, devemos ir ao "inconsciente onde são concebidos". Ele chama nossa atenção, incessantemente, para a negligência em relação à subjetividade, equívoco tão comum na ciência positivista – que, negando qualquer outra forma de conhecimento que não a da experiência sensível, toma como base apenas o mundo material, impingindo à subjetividade a mesma importância que às crendices e superstições. É verdade que crendices e superstições fazem parte do mundo subjetivo. E é justamente aí que reside a importância dessa discussão. Tudo que faz parte da subjetividade de cada um deve ser levado em conta.

Um sujeito que praticava atos de violência contra sua mulher dizia que, em certas ocasiões, era tomado por um espírito do mal sobre o qual não tinha nenhum controle. O espírito se apossava dele e o dominava inteiramente. E, quando isso ocorria, sentia-se incapaz de pensar. Explicava como sua respiração se alterava e ele tinha a sensação de que ia morrer. Então "encarnava o espírito" que agia em seu lugar e não conseguia fazer outra coisa senão espancá-la.

Não se trata de uma explicação risível. Ela deve ser levada a sério. Trata-se de uma descrição detalhada a respeito das vivências intoleráveis a que esse homem se sentia submetido quando ficava vulnerável. As situações mais comuns para que esses episódios de "possessão", como ele os denominava, ocorressem eram as relacionadas com sensações de impotência e pânico diante das "exigências e cobranças" impostas por sua mulher que ele imaginava não ser capaz de atender.

Sem a inclusão de paradigmas que acolham a complexidade do mundo mental e das dinâmicas de relacionamento, é impossível compreender fenômenos humanos e sociais – quanto mais erradicá-los.

É a ciência contemporânea que, ao romper com os princípios deterministas e simplificadores dos fenômenos da ciência moderna, vem tornando possível o resgate da complexidade inerente ao comportamento humano. Sem a inclusão da subjetividade, ficaremos sempre como estamos no conjunto da sociedade, isto é, contentando-nos com respostas simples e imediatas e montando planos de ação inócuos em torno delas. No caso da violência contra a mulher, a lógica mais imediata tem sido a de reduzir suas causas e sua permanência ao mero jogo do poder – o que, apesar de ser verdadeiro, não deixa de ser simplista. Continuamos contemplando não mais do que a ponta do *iceberg*.

Essa miopia mental apenas finge permitir a apropriação do conteúdo e tranquiliza a mente. Como argumenta o pensador francês Edgar Morin, "a ambição do pensamento simples é a de controlar e dominar o real"[47]. É importante admitir que estamos diante de uma falácia demonstrada pelo fracasso das políticas públicas, que, baseadas em pensamentos reducionistas, não têm conseguido atingir seus objetivos.

Critico esse reducionismo racionalista porque julgo trágicas suas consequências. Exclusivamente embasadas pela lógica do poder, essas políticas procuram erradicar abusos apoiando-se no Judiciário e esperando que, por meio da punição, conteúdos psíquicos responsáveis pelo comportamento indesejado sofram algum tipo de mudança. Considero evidente que, nesses casos, ações voltadas exclusivamente para a punição do ofensor e a proteção da vítima sejam insuficientes para superar o problema e estão condenadas a fracassar. Conteúdos psíquicos estão sujeitos a uma cadeia de significados que fogem à logica do encarceramento. Além disso, devemos concordar que o encarceramento no Brasil está longe de atingir objetivos voltados para a remissão de determinado comportamento, qualquer que seja ele. Serve apenas para afastar o indivíduo da sociedade, mas não para ajudá-lo a rever suas condutas.

Portanto, a ideia de que é possível resolver essa questão sem considerar a vida subjetiva dos homens, responsável pela regulação de seus impulsos, é inviável. Significa admitir que as imagens mentais, internalizadas e mantidas sob o jugo das expectativas sociais, possam simplesmente evaporar-se, que não tenham consequência, que possam ser extintas sem deixar rastro.

Precisamos admitir que ações punitivas são eficientes para instalar comportamentos, mas não para modificá-los. A simples ação de punir os homens que praticam violência vai na contramão de qualquer projeto de mudança na cultura, impedindo que se ressignifiquem as causas "ocultas" que motivam essas ações. Para fenômenos culturalmente instalados, não basta pensar em recuperação ou reabilitação. É preciso pensar em ressignificação.

Por que não nos render aos conselhos de Foucault e investir no resgate da subjetividade masculina, tão tortuosa, frágil e cheia de ambiguidades quanto se supõe que seja a feminina? É impossível resolver problemas tão complexos utilizando soluções simplistas. O movimento atual, que pretende romper com as dicotomias típicas do pensamento binário, nos obriga a integrar transversal e multidimensionalmente os aspectos do visível com o invisível, do objetivo com o subjetivo.

De outro lado, em nosso país, as políticas públicas voltadas para a facilitação de novas práticas sociais que possam colaborar com as mudanças tampouco são implantadas. Temos sido regidos por um poder retrógrado e prepotente, que age sempre com a finalidade de manter imperativo o princípio da hegemonia masculina, mesmo que seu discurso pretenda sugerir o contrário. Haja vista as muitas tentativas de proibir as discussões de gênero nas escolas.

Em instituições privadas, que já entenderam a necessidade da implantação de novas práticas sociais, iremos encontrar exemplos como a do caso da americana Netflix, que acaba de anunciar a extensão das licenças concedidas por maternidade e paternidade. Consta que ela oferecerá aos seus funcionários e funcionárias até um ano de afastamento remunerado, sem fazer distinções entre homens e mulheres. Um tipo de política que tem por si só o efeito de igualar poderes e dividir responsabilidades.

Em discussões com grupos de jovens universitários[48], noto claramente que, em consequência do receio de ser vitimizadas pelos homens, mulheres jovens têm se mostrado "em estado de alerta constante" contra qualquer tipo de manifestação masculina que possa sugerir um comportamento misógino. Por seu lado, os rapazes, bastante confusos, confessam não saber bem como se comportar e, embora legitimem os princípios do grupo feminino, não conseguem encontrar um modelo de comportamento capaz de corresponder às expectativas delas. O que justificaria essa defasagem?

Os discursos sociais não são mais os mesmos da geração anterior. Novas formas de subjetivação exigem que as famílias abandonem os modelos clássicos de referência e os reavaliem a fim de transmiti-los às novas gerações, independentemente do sexo de cada um. Mas, apesar de todas as inovações que geraram mudanças, o fantasma da homofobia continua habitando o imaginário coletivo, assombrando-nos de tal forma que continuamos produzindo e criando machos homofóbicos e assustados.

Pelo que me é dado observar, eu diria que os modos de subjetivação mais tradicionais, responsáveis por esses comportamentos indesejados, continuam absolutamente ativos no espaço doméstico. As premissas que sustentam a hegemonia ainda não foram extintas sequer do próprio universo feminino. Os mesmos discursos que serviram de referência aos nossos ancestrais continuam, em muitas famílias, sendo transmitidos aos nossos bebês. Não apenas os homens como as mulheres, grandes responsáveis pela transmissão da cultura para as novas gerações, parecem dominados pelas representações mentais desse legado cultural, atuando, inúmeras vezes, na contramão daquilo que aprovariam se analisassem a questão com mais cuidado.

Por que outro motivo uma mulher que se pensa defensora de direitos iguais entre os sexos pede para a filha ajudá-la na cozinha, enquanto o filho está vendo futebol com o pai na sala? Por que muitas mulheres, resistem em aceitar a colaboração do marido com seu bebê, justificando que "ele não sabe fazer nada direito"? Sei que muitas mulheres irão protestar diante desses exemplos, considerado-os retrógrados. Mas, trabalhando com famílias e casais de várias classes sociais, em meu dia a dia na cidade de São Paulo, tenho a feliz oportunidade de interagir com pessoas de diferentes culturas familiares e permito-me afirmar que esses são exemplos absolutamente atuais.

Já vimos que boas mães, intencionalmente ou não, socializam seus filhos para o sucesso numa cultura na qual, no que se refere aos meninos, o conceito de sucesso não contempla a vulnerabilidade. Pois é exatamente assim que transformam seus filhos em "machos vulneráveis".

Além dessas formas mais explícitas de comunicação, pesquisas americanas detectaram toda uma gama de informações mais sutis entre mães e bebês. Seja por meio de expressões faciais ou corporais, mães dedicadas e empáticas, quando interagem com seus bebês do sexo masculino, tendem a não mimetizar sentimentos de tristeza e de medo, enquanto reforçam as demonstrações de ira e de raiva. Elas apontam para uma tendência das mães de, supondo que a emotividade do bebê seja sinal de "fragilidade", respondem com caretas para os filhos homens, enquanto estimulam claramente as expressões de interesse e surpresa, assim como as manifestações de força, revanche e raiva.

Enquanto isso, uma condição mais propícia às mudanças pode ser hoje identificada nas famílias em relação às filhas mulheres. Os rapazes, infelizmente, não têm o mesmo respaldo. Permito-me até afirmar que os mesmos pais que educam suas filhas para a contemporaneidade, geralmente dominados pelo fantasma da homofobia, se mostram impotentes para propiciar o mesmo aos seus filhos homens. Tenho observado que, enquanto as meninas aderem com rapidez à nova realidade social, os meninos ainda se comportam com evidente desconforto diante de novos paradigmas. Mas, afinal, o que será que eles querem? O que proporiam a seus pais se pudessem falar?

Em uma discussão aberta sobre gênero, realizada com alunos de várias classes, na Escola da Cidade (faculdade de Arquitetura e Urbanismo na cidade de São Paulo), em 2016, respondendo ao discurso franco de suas colegas a respeito de seus medos em relação ao assédio e ao estupro, um colega do sexo masculino diz o seguinte:

> Acho que o medo que eu sinto talvez não seja comparável com o de vocês, mulheres. [...] Praticamente o maior medo que já senti na vida foi o de ser chamado de algo parecido com uma mulher. [...] O maior medo que o homem sofre é o de ser considerado fraco, ou alguém que chora, ou metrossexual – qualquer coisa que tenha relação com o feminino.

Pais e mães têm esbarrado nos próprios preconceitos na tarefa de ajudar os filhos homens a desenvolver sua afetividade sem constrangimento, exercer ternura, ter atitudes mais igualitárias, a livrar-se de padrões retrógrados de comportamento – enfim, a ser menos "machos".

Transformar essa realidade requer um processo de ressignificação que demanda a renúncia da perspectiva binária e maniqueísta.[49] Proponho, assim, um rompimento com esse sequestro da multiplicidade de opções em prol do cerco à singularidade. Aposto no benefício do direito à complexidade e à riqueza de alternativas.

O primeiro passo já foi dado pelas próprias mulheres, que pensaram e continuam pensando sobre si mesmas, atribuindo novos sentidos às suas experiências. Grupos minoritários – transgêneros, gays e outros – também debatem ativamente suas questões. Resta aos homens fazer sua parte para evitar que outros a façam por eles – o que na verdade já está acontecendo. Qualquer vazio pode ser convidativo para que os demais grupos definam quem eles são, quais são suas necessidades e que destino se lhes descortina. O mesmo aconteceu com as mulheres, até o dia em que rompemos o silêncio.

Suspeito que, por baixo dos trajes de herói, esconda-se um servo do seu poder. Aprendi a acreditar que a ânsia masculina de dominar pode não ser mais do que um sintoma que denuncia a dimensão de seus temores, sendo os valores aos quais seu psiquismo está sujeito os responsáveis por sua extrema vulnerabilidade. Talvez eu esteja enganada, mas, se estiver, prefiro que eles próprios me corrijam.

## 10.
## O herói, a revelação e o pecado

Não podemos esquecer que os homens, desde sempre, foram treinados a lutar. Caçadores e guerreiros, identificaram-se e compararam-se com outros homens com base na força física. Entre os gregos, homens extremamente jovens eram submetidos a treinamentos exaustivos para se tornar heróis indestrutíveis. Nunca houve indulgência para com eles.

Mais uma razão para questionar o discurso social moderno, que define a mulher como única vítima do projeto patriarcal. Em outros tempos, digamos que essa ideia estivesse mais próxima da realidade. Mas hoje, no mundo contemporâneo, ela pode até ser considerada ingênua. Tudo não passa de um processo simples de condicionamento para atribuir valor negativo ou positivo aos acontecimentos.

Ainda assim, quando o sucesso se mede cada vez menos pela dominação e mais pela singularidade dos indivíduos, por sua capacidade de criar e de empatizar, os homens continuam sendo vítimas das expectativas projetadas sobre eles a respeito de seu próprio "heroísmo". Afinal, eles não têm muita escolha. No caso de uma guerra, uma vez convocados, os que não correspondem à expectativa costumam ser severa e moralmente punidos, seja pela sociedade, seja pelo Estado.

Em um romance autobiográfico, o autor Uwe Timm analisa o percurso de seu irmão mais velho depois de saber que ele e seu pai haviam participado voluntariamente do exército nazista.[50]

Kurt-Heinz, sempre apegado ao pai, era um menino de verdade. O pai tinha orgulho dele. Provavelmente, [o irmão] foi uma criança medrosa como eu. Assim como eu ainda hoje me pego pensando: "Vai, pula!" E embaixo, bem lá embaixo, está a água. E não há ninguém para me explicar como é que se pula, com a cabeça para a frente, não para baixo, impulsionando-se no trampolim e não se deixando cair. Certa vez, em um dia chuvoso, quando não havia quase ninguém na piscina, eu fui para o trampolim de cinco metros sem dizer nada e saltei. O trampolim de dez metros ainda esperava por mim. Um sentimento que era quase uma ordem: ser corajoso. Ele [o irmão morto na guerra] deveria ser corajoso, mas não imprudente. Ele reitera isso, deitado na cama do hospital militar, com as pernas amputadas, em uma fala distorcida pela morfina. Diz que não foi imprudente. Inclusive naquele momento, mutilado e consciente de que lhe haviam destruído a vida, a juventude que já não poderia desfrutar, mesmo lá, ele era um menino corajoso e valente.

Uwe escreve sua biografia considerando que, por ter sido um filho temporão, teria escapado da influência paterna a que seu irmão fora submetido. Muito ligado à mãe e "poupado" das expectativas culturais, tornou-se crítico do modelo heroico patriarcal e escreveu um romance a respeito da opressão dos homens, vigente em sua cultura.

O paradigma do herói corajoso e valente de índole impecável e motivações nobres habita no imaginário de todos os povos por meio de seus mitos. Mitos esses que plasmaram inúmeras culturas por meio de narrativas, construídas sobre crenças, emoções e desejos humanos. O mito do herói de nossa cultura provém do modelo grego de heroísmo que é algo profundamente arraigado no imaginário da moralidade popular. O herói grego tinha ideais nobres e altruístas e, mesmo que ele rompesse com princípios preestabelecidos pelos grupos no poder, suas ações poderiam ser eticamente aprovadas, dadas as razões que o movia. A força, a coragem, a inteligência, a persistência são qualidades desses heróis e de outros que possuem virtudes acima da média e defendem ideais como a liberdade, o caráter, a paz, a justiça. Podemos encontrá-los em qualquer época, em qualquer lugar.

Como a economia dos gregos girava em torno da guerra, não é de estranhar a enorme importância que a sociedade atribuía a seus soldados, aos seus jovens guerreiros e aos homens em geral. Aos jovens gregos, entretanto, não bastava resgatar donzelas como nos contos de fada. Eles eram submetidos a treinamentos exaustivos e sua aspiração maior era a de tornar-se herói à custa da própria existência.

Na mitologia grega, o paradigma do herói possui caráter épico, o que lhe concede glória e dramaticidade. Seu desempenho articula-se entre símbolos de "transgressão" e de "superação" por meio de um ato desmedido, que os gregos denominavam *hybris*.

A *hybris* é um ato de transgressão, proibida aos humanos, porque representa uma ousadia que rompe com a virtude do bom senso e do comedimento reservada aos humanos. Redunda na revelação de uma Verdade[51] a descoberta de um mistério conhecido unicamente pelos deuses. Apesar de um ato de transgressão, para o herói tem valor iniciático, uma vez que amplia a consciência, superando a distância entre os humanos e seus deuses. Ter acesso a uma dessas Verdades reservadas apenas aos deuses exige audácia e coragem, zelosos que são os deuses dos seus segredos.[52]

Assim, os gregos, por meio de seus heróis, ensinaram-nos que a desmesura pode ser um caminho para o Conhecimento. Que, através da sua dimensão imaginária, ela nos permite delinear novos padrões para a caminhada existencial. Que a própria transgressão que rompe com a completude e pratica o desapego, mesmo com todo o sofrimento consequente, nos enobrece e humaniza, destacando-nos dos demais mamíferos da escala animal.

Esses heróis eram cultuados e recebiam o status de semideuses: seres híbridos cujos poderes especiais haviam lhes permitido praticar grandes feitos, apesar de mantê-los expostos a todas as contradições e vulnerabilidades próprias dos mortais.

Desse período temos também os heróis hebreus que eram humanos, eleitos por Jeová – Deus único – para realizar uma tarefa sob sua proteção.[53] De qualquer modo, exaltados e glorificados, os heróis gregos e judeus tiveram suas ações propagadas e conhecidas por todos os povos ocidentais, funcionando como modelos ideais de fé, nobreza e lealdade.

É difícil distinguir alguns aspectos encontrados entre o tradicionalismo judaico sacerdotal e o helenismo. Judaísmo e helenismo foram culturas que conviveram intimamente, até a época dos macabeus,[54] muitas vezes com respeito e admiração, e influenciaram profundamente uma a outra. Para os hebreus, os gregos destacavam-se de outras culturas devido à sua rica tradição intelectual. Por sua vez, para o grande conquistador grego Alexandre, o Grande, o monoteísmo e o estudo profundo da filosofia e das leis, registradas nas Escrituras Sagradas, despertaram grande fascínio. Atraídos mutuamente pela ênfase no intelecto, esses dois povos influenciaram um ao outro e toda a civilização ocidental. Gregos e judeus chegaram a andar lado a lado, promovendo inclusive casamentos entre si. Alguns estudiosos afirmam que os gregos chegaram a adicionar sua lógica à própria "revelação" judaica. Se foi Alexandre quem ordenou a tradução das Escrituras Sagradas dos hebreus para o grego porque queria que seu povo as lesse ou se as Escrituras foram traduzidas porque os judeus da diáspora só falavam a língua grega, é indiferente.

O que isso realmente significa é que, apesar de não podermos precisar a extensão dessas influências, é impossível negar o profundo impacto de uns sobre os outros. A prova é que Sócrates, o grande filósofo, começava seu dia agradecendo aos deuses por ter nascido homem, uma oração matutina que também faz parte da liturgia judaica. É difícil saber o que veio antes, se o ritual judaico ou o grego, mas o que chama a atenção é sua coincidência e seu significado.

Diante desses dados, fica quase evidente que, no mito de Adão e Eva, seu narrador utilizou-se de todos os ingredientes próprios dos mitos gregos. Apesar de proibidos por Deus de conhecer a Verdade a respeito de si mesmos, Adão e Eva praticaram a desmesura, e, tal como outros heróis, foram subjugados pelo seu destino: a perda do Paraíso. Sua transgressão rompeu com a completude paradisíaca, reproduzindo, como na mitologia grega, a ideia de que a aquisição do Conhecimento, que revela o mistério da condição humana, representa uma porta aberta para o sofrimento. Assim, o que teria ocorrido ao casal primordial foi que, ao se acercarem do mistério da vida, eles "caíram em si" a respeito de sua verdadeira condição. O Paraíso desmoronou-se para eles diante de sua circunstância.

Se na linguagem do mito cabe a nós, humanos – tal como ao herói grego –, tomar consciência das Verdades, tudo indica que não há como escapar da tragédia. A partir de sucessivos ritos de iniciação e etapas incessantes de perdas e ganhos, experiências dramáticas fazem parte da condição humana. O nascimento, a separação da mãe, o desmame, a elaboração edípica, a convivência com a morte, todas elas revelações inevitáveis no processo de desenvolvimento da consciência, expõem-nos inexoravelmente ao sofrimento. Nesse sentido, teríamos de concordar com a Igreja cristã, que atribui a condição de pecador a todo e qualquer ser humano que sobreviva e faça sua própria historia. Ou teríamos de optar – sem a desmesura de Eva, que é a nossa – pela beatitude ignorante do Paraíso.

O que o Livro do Gênesis nos antecipa, desde a história da Criação até a queda de Adão e Eva, com suas metáforas e paradigmas, é o destino do ser humano. A saga de Adão e Eva é a saga da humanidade. Não custa repetir que mitos devem ser lidos com muito cuidado, considerando sua linguagem econômica e metafórica.

# 11.
## Imprudência *versus* pecado

PARA OS HEBREUS, a quem devemos a origem da Criação, o casal agiu por conta própria, sem ouvir as recomendações divinas, e teve de arcar com seu destino. Para os hebreus, pecar – *hhatá* – significa não atingir um alvo ideal, falhar em atingir a meta. Representa um ato de imprudência própria do humano. E a imperfeição é tão comum ao humano que Deus, em sua misericórdia, permite-lhe a chance de ser perdoado a partir de seu arrependimento. No Talmude, segundo o rabino americano Alfred Kolatch, o pecado ou *hhatá* está descrito como uma consequência da imperfeição humana, uma vaidade do humano diante de suas limitações.[55]

É por isso que a imprudência praticada contra alguma lei divina permite ao sujeito da ação a possibilidade de praticar seu "retorno" a Deus, chamado de *teshuva*. A *teshuva* consiste num processo de introspecção e arrependimento diante de Deus, no sentido do retorno ao caminho correto. Aquele que assim proceder será reconhecido como *Ba'al Teshuvah* ou "aquele que se arrependeu", e por isso merecerá o respeito de todos, a despeito de ter de se comprometer com seu destino. A palavra hebraica geralmente usada para "perdoado" vem da raiz Nasa, que significa "levantado" ou "erguido".[56] Também para os gregos, a "falha" ou a hybris, segundo Aristóteles na *Poética*[57], apesar de suas consequências dolorosas, é vista com simpatia, como um erro de julgamento e não como um ato de vício e depravação, diferentemente da noção cristã de pecado, tal como nos é apresentada.

Do ponto de vista dos gregos, Eva teria sido julgada como heroína mítica de todos os tempos. Aquela a quem deveríamos nossa eterna gratidão. Adão e Eva seriam heróis incensados, cuja coragem para desafiar a Lei divina teria permitido que nos deixassem como legado o nosso bem maior: o Conhecimento.
Mas, infelizmente, não foi assim.
Pois que, para a doutrina cristã, às noções de erro, de imprudência, naturais do humano, foi atribuído um caráter de vício e transgressão moral, que marcaram profundamente a formação de nossa subjetividade. O recalque e o castigo foram os princípios que prevaleceram no imaginário coletivo de nossa cultura, estabelecendo regras de conduta a ser seguidas sem nenhum questionamento com as trágicas consequências que marcam, ainda hoje, nossa forma de apreender o mundo de maneira normativa e preconceituosa. Esse tipo de moral impõe ao "pecador" a sujeição a castigos severos, inibindo qualquer movimento na direção de sua singularidade.
A capacidade de transgredir, de questionar, que conduz ao conhecimento e marca a singularidade dos sujeitos, é o único caminho capaz de permitir a reflexão acerca das formas estabelecidas pelo poder político instituído. O patriarcado é um projeto político. Para mantê-lo e ampliá-lo, basta que qualquer tentativa de contestação seja qualificada severamente como um ato de desobediência à imposição divina. A premissa do pecado cristão tende a criar uma sociedade de moral conservadora, cronificada, cheia de tabus, que, de quebra, induz à repressão do desejo e da criatividade e garante uma sociedade infantilizada.
Quanto maior a dicotomia entre o "bem "e o "mal" numa cultura, mais difícil é o nascimento de um pensamento crítico; quanto maior a rigidez de seu sistema de valores, menor sua capacidade de simbolização. Assim é a nossa sociedade, cujos homens, se formos ouvir a Freud, são suas maiores vítimas, pois a eles, em nome da hegemonia, cabe a tarefa de mantê-la estratificada:

[...] o trabalho de civilização tornou-se cada vez mais um assunto masculino, confrontando os homens com tarefas cada vez mais difíceis e compelindo-os a executar sublimações pulsionais de que as mulheres são pouco capazes.[58]

Embora não haja como escapar da cosmogonia, vale lembrar que seu caráter imaginário representa apenas uma das possíveis formas de organizar o mundo, mas jamais a única. Essa foi a forma de organização social propagada pela Igreja, que definiu os modos de subjetivação da sociedade ocidental, vindo, inevitavelmente, a se refletir na psicanálise, com a eleição do falo como seu único organizador social[59]. Porém, considerando o caráter transitório de qualquer teoria, posições teóricas podem ser revistas de acordo com os novos discursos sociais e suas novas dinâmicas psíquicas.

E é disto que trata a presente discussão: da necessidade permanente de desnaturalização das formas de subjetivação de qualquer ordem simbólica, levando em conta suas consequências para a humanidade.

# 12.
# O herói claudicante

A ESSE PRINCÍPIO ESTÁ exposta a figura mítica do herói.

Desde os heróis da cultura grega e judaica, diferentes qualidades foram sendo acrescentadas, através da história, à sua coragem e à destreza das armas. A certa altura, conflitos de ordem existencial tornaram-se elementos com os quais os heróis dos poemas épicos começam a ter de "duelar".

Pouco a pouco, o herói nobre e o herói trágico foram sendo substituídos pelo herói do conhecimento e o herói devotado à fé, em consequência das mudanças de valores ideológicos expressos pelos discursos sociais dominantes.

Mais recentemente, os mitos mais antigos foram sendo qualificados como meras ficções alegóricas, e uma nova forma de "heroísmo", não mais voltada para o coletivo e despojada do caráter da nobreza do herói grego, começou a ser desenhada. O herói desinteressado foi ganhando aspectos muito mais próximos ao perfil do vilão, em que o heroísmo sem ética é praticado visando à conquista de interesses de ordem pessoal. Esse novo estereótipo de herói, apoiado na onipotência do falo, tem o olhar voltado muito mais para o exibicionismo e o poder do que para a epifania.

Sua epopeia deixa de incluir ações gloriosas para reduzir-se a feitos que visam à aquisição e à manutenção do poder, tal como no exemplo do Fausto de Goethe[60], que, por sua enorme ambição, a fim de garantir os prazeres da vida e um conhecimento inesgotável, entregou sua alma ao diabo.

Esse novo herói não pretende mudar nada. Sua missão é a de perpetuar a hegemonia do falo. É um aliado do poder. Prima pela força física mais do que pela ética, e suas façanhas, geralmente, em nada contribuem para a glória ou o conhecimento humano.

Esse modelo de herói é aquele que tem servido de inspiração para o exercício dos pequenos poderes e entre estes as ações que iludem os homens com o falso sentimento de reasseguramento, como ao exercer, por meio da força, o domínio sobre sua mulher. Trata-se de um herói acovardado, cada dia mais desgastado e condenado à extinção.

# 13.
# Pensando a violência

DEVO CONFESSAR QUE, AO registrar e publicar minhas reflexões, não tenho nenhuma pretensão de convencer meu leitor de estar com a razão. Eu ficaria bem feliz se conseguisse, ao menos, criar algum tipo de inquietação, algo que forneça a oportunidade para uma crise da consciência a respeito da ilusão da certeza.

Há coisas que são difíceis de dizer, mas também difíceis de ouvir, sobretudo aquelas que não validam os sentimentos de quem as ouve.

Continuo aguardando que os homens falem. Não das coisas, mas de si mesmos. Enquanto isso não acontece, teremos de nos haver com sua única face à qual temos acesso: sua máscara social – a do herói –, consequência de uma série de repressões sofridas durante seu processo de subjetivação. As máscaras facilitam o papel de ator social de forma adequada e facilmente reconhecível. Porém, demandam um estado de alerta constante para que cumpram seu papel: ocultar a verdadeira face. O homem na sociedade patriarcal é construído para ser como um deus: centralizador, conscientemente poderoso e previamente definido. E é aí que a violência se configura como ferramenta de controle de sua estabilidade, usada para esconder sentimentos de mágoa, tristeza, depressão e medo capazes de provocar sintomas de angústia e aniquilamento.

A violência é um ato que pode ir da ameaça à consumação de um dano. Do ponto de vista da vítima, é um ato coercitivo que visa causar *intimidação moral*. Do ponto de vista de quem agride, é uma ferramenta de controle da própria estabilidade contra uma ameaça subjetiva de aniquilamento.

Princípios morais têm valores diferenciados para diferentes grupos em momentos históricos diversos. Assim, a prática da violência também é definida pelos valores culturais vigentes. Prova disso é que as expressões "violência doméstica" ou "violência contra a mulher", por exemplo, representam uma conceituação moderna atribuída a uma prática milenar, antes considerada legítima.

Apesar das diferenças entre grupos, as "normas" e os "padrões corretos" baseados no projeto coletivo hegemônico foram pensados e escritos por e para homens. Eles estão atravessados por uma moral viril que libera a utilização da força como instrumento de garantia da moral social. Nossa cultura, apesar de criticá-la, aprova e estimula a violência.

Já vimos como o conceito de produção de subjetividades[61], reforçando a importância das práticas sociais na formação dos sujeitos, nos permite conhecer como as subjetividades são produzidas no convívio com ideologias e conjuntos prontos de representações dos grupos de poder. Entretanto, qualquer sujeito pode se posicionar de forma passiva diante de uma ideologia dominante ou assumir posição questionadora, de indivíduo, em relação a ela. Qualquer sujeito pode permitir-se romper com a sujeição para criar e construir significados singulares. Esse processo de *singularização* ou *ressignificação* depende de não se temer ser destruído pelo vácuo que a falta ou a mudança de um sentido possa provocar.

Consideremos, pois, o ato violento uma demonstração de descontrole, venha de quem vier. Um último recurso do qual se lança mão diante da exposição a uma ameaça, um fracasso ou uma situação de impotência. Exceto em situações de defesa, a violência indica a falta de recursos materiais e/ou emocionais para encontrar respostas mais adequadas ou descoladas do refrão social. Ao contrário de um ato de heroísmo, representa um ato de desespero e contradição.

Diante de tais circunstâncias, insisto na tese de que as fantasias de angústia e aniquilamento que servem de estopim para a prática da violência, como sequelas de um discurso social de produção das masculinidades, podem e devem ser modificadas.

A palavra *violência* origina-se do latim *vis* e deriva do sentido de "força" e "vigor". Também se relaciona com outra palavra latina, *violare*, que significa "profanar", "infringir". Força é sinônimo de energia, mas a violência é uma força destemperada, uma ação impaciente que profana algo ou alguém porque está baseada na ira.

Afinal, que força é essa? A que protege ou a que profana? É sobre esse duplo vínculo que se constrói a masculinidade no mundo patriarcal. Um homem sente-se reconhecido como tal quando se mostra forte, corajoso e sexualmente varonil. Se ele irá utilizar essas características para proteger ou profanar outro ser, pode depender menos da ética do que de sua ansiedade, mesmo que isso redunde em covardia.

O que se sabe é que a manifestação explícita da violência é significativamente maior entre os homens. Sua presença no sistema prisional é incomensuravelmente maior do que a das mulheres e os desvios de comportamento sexual também se manifestam mais entre eles.[62]

Durante anos, dediquei-me a buscar compreender a lógica passional que suporta as contendas entre os casais. Na relação amorosa entre duas pessoas, parece inconcebível que uma delas tenha de viver em constante estado de alerta, com receio de que algum movimento seu possa despertar a necessidade de autoafirmação de um parceiro inseguro em relação à sua masculinidade.

Por outro lado, é bom acrescentar que a violência não é privilégio dos homens. Ela é parte da natureza humana, expressão da inclinação agressiva dos humanos, regrada pelo cenário social. É a moral vigente que determinará que paixões deverão ser contidas em prol da marcha civilizatória, determinando o que é ou não uma expressão de agressividade para homens, mulheres, adultos e crianças. Ocorre que, mesmo que no modelo patriarcal o herói tenha representado um excelente paradigma, associado a nobreza e dignidade, a recente desorganização provocada no imaginário social pela desconstrução de categorias consideradas imutáveis pode levá-lo ao colapso.

Pequenos detalhes podem ser observados no cotidiano de relações com homens inseguros. Assisti a inúmeros casais em que era absolutamente proibido à esposa criticar o desempenho do parceiro, se quisesse evitar uma situação tensa. Qualquer tipo de crítica, inclusive a mais leve observação a respeito de uma falha na agenda do casal, provocava reações inesperadas – fosse uma grosseria, a quebra de objetos da casa e até a agressão física. Se o comentário fosse feito na frente de testemunhas (amigos, parentes, empregados etc.), podia ser imperdoável, e a reação, imediata, absolutamente desproporcional em relação à importância da crítica. Algo como "Ele nunca deixa o banheiro em ordem!" ou "Ele pegou a rua errada!" podia ser suficiente para despertar o fantasma da ameaça à completude fálica, sempre de plantão, de meu cliente.

Sentir-se Homem, com letra maiúscula, o tempo todo deve ser uma tarefa extenuante, pois exige um desempenho ininterrupto com estrito controle para que não se sinta "frouxo", "bicha" ou "corno".

A ameaça do desamparo provocada por uma insegurança profissional, uma falha na ereção, suspeitas de infidelidade conjugal da mulher, vivências de abandono ou qualquer resvalo de expectativa em relação à Ordem evoca vivências persecutórias de ameaça à sua potência. Para superar a vulnerabilidade masculina, é preciso, portanto, desligitimizar alguns mitos e o mito do heroísmo é um deles.

Em seguida veremos quanto isso é verdadeiro.

# 14.
## A questão identitária e a vulnerabilidade masculina

DURANTE TODOS ESSES ANOS, procurei ampliar meu campo de pesquisa com entrevistas, grupos operativos e observações clínicas, além de discussões com grupos transdisciplinares, contando com o privilégio de observar uma população muito diversificada. Apesar dessa diversidade – que leva em conta origem, cultura familiar, educação e perfil dos sujeitos –, diante de questões voltadas para as práticas da violência masculina, encontrei entre os homens alguns perfis dominantes.

Há os que julgam a violência injustificável em qualquer circunstância. Não negam possíveis sentimentos de angústia, mas procuram elaborá-los utilizando mecanismos de outra ordem. Em certas circunstâncias, muitos deles confessam sentimentos de inadequação em relação aos seus pares por não reagir com violência como "deveriam", mas preferem agir com mais consciência. "Decidi não revidar, deveria ficar envergonhado de mim mesmo?" ou "Não reagi como qualquer outro homem reagiria".

Em menor escala, alguns homens confessam, com certa tranquilidade, que tiveram medo, que preferiram "não correr nenhum risco" porque "violência gera violência" ou encontraram formas mais eficientes de se comunicar.

Há ainda os que preferem não utilizar o recurso da violência, mas podem recorrer a ela caso haja fatores externos determinantes, tais como o uso de álcool ou drogas. Nesses casos, existe também a preocupação com o "que vão pensar de mim se não reagir" – o que por vezes justifica uma ação que, apesar de condenável, pode se tornar "necessária", para garantir a honradez. E há aqueles que julgam claramente legítimo e culturalmente aceito o uso de medidas "enérgicas" como instrumento de resolução de conflitos, sobretudo se posições de hierarquia estiverem ameaçadas. Para eles, reagir com violência é algo definidor de masculinidade e funciona como prerrogativa de quem detém o poder. "Não posso admitir", "Ela tem de aprender ", "Não sou covarde".

Em quase todos os casos, entretanto, a ideia de qual comportamento seu grupo social aprovaria está bastante clara na cabeça de cada um.

Analisando esse dilema masculino, a psicanalista Susana Muszkat explica sua tese:

> É fator relevante que uma cultura cujos valores são pouco flexíveis seja, também, propiciadora de um tipo de desamparo ao qual chamei de "desamparo identitário". Na medida em que a possibilidade de se alcançar certos ideais torna-se uma exigência psíquica intensa e de resultados pouco criativos [...] penso a violência de gênero como um ato voltado a uma demanda de reconhecimento de sua hegemonia, de recuperação de uma identidade idealizada. [63]

Os depoimentos a seguir, colhidos e publicados pela revista *Veja* em 2010, ilustram bem essa tese:

> Eu estava bebendo cachaça com a minha vizinha e a mãe dela no quintal. Foi quando chegou aquele rapaz, vindo de outra bebedeira. Ele tentou agarrar minha vizinha. Ela deu um tapa na cara dele e ele revidou. A mãe pegou uma estaca que estava na cerca e acertou uma paulada na cabeça dele. Ele saiu cambaleando. Depois a menina acertou outra paulada. A mãe olhou para mim e disse: "Nós estamos aqui e você não faz nada? É um covarde?" Com cachaça na cabeça não pensei em mais nada: peguei um pau e dei na cabeça dele sem dó. (Antonio Alves de Oliveira, 31 anos, condenado no Piauí por homicídio)

Matei um amigo de infância porque ele me bateu na cara. Ninguém quer apanhar na cara. O sangue da gente dá uma reviravolta. O homem não é nascido para apanhar na cara. (Antônio Gilvan dos Santos, 22 anos, policial militar, condenado no Rio Grande do Norte por homicídio)

Matei minha mulher porque ela me traiu. Estava casado há cinco anos e já duvidava dela fazia um tempo. Eu chegava do trabalho e ela nunca estava em casa. Acabei me separando. Quinze dias depois, tentei me reconciliar, mas ela disse que não queria mais porque já tinha outro. Eu disse que ela era uma vagabunda. Ela me chamou de corno. Não aguentei, essa palavra doeu muito. Ferveu o sangue. Dei 24 facadas nela. Na hora do ódio, dá um apagão na vista da gente. (Célio Batista Polli, 28 anos, condenado em Santa Catarina por homicídio)[64]

Esses relatos ilustram o nível de descontrole que pode tomar conta de um homem quando ameaçado. Por certo o aspecto hediondo desses crimes não tem justificativa, mas é importante compreender o gatilho que os move.

Ao responder por que matara a sangue-frio sua ex-namorada, Sandra Gomide (que se recusava a reatar com ele uma relação tumultuada), o jornalista Antonio Pimenta Neves[65] respondeu que fora "ultrajado em minha dignidade pessoal, em meus brios profissionais e de homem". Guido Palomba, profissional respeitado no campo da psiquiatria criminal, comentou sobre esse e outros casos de homicídio semelhantes:

Nesses casos, mata-se porque acabou o relacionamento, mata-se para não pagar pensão, mata-se porque ela o está ridicularizando... É uma reação de protesto, um crime de raiva, de liberação, de expressão de agressividade, por estar em uma situação de inferioridade com a qual não se consegue lidar. É mais um crime de honra, como alguém que diz: "Eu sou o chefe, eu sou o homem". Antigamente isso até tinha valor nos tribunais. Hoje não tem mais sentido.[66]

Dizer que essa alegação "não tem mais sentido", contudo, não significa que a prática, como bem sabemos, tenha sido erradicada. Espancar ou assassinar em nome da defesa da honra, ou por vingança, continua sendo uma prática muito comum para uma parcela significativa da população masculina no Brasil. Apesar das inúmeras mudanças nas práticas sociais, notáveis em uma cidade cosmopolita como São Paulo, persiste o fato de que situações de estresse emocional podem detonar uma reação na qual sentimentos incontroláveis se imponham, liberando dispositivos de ordem simbólica tradicionais e abrindo espaço para a prática de qualquer ação coercitiva que possa "salvar" sua integridade.

Mais uma vez cito Freud, a respeito do ser humano em *O mal-estar na cultura*:

> [...] o ser humano não é uma criatura afável e carente de amor que, no "máximo, é capaz de se defender quando atacada, mas pode contar com uma cota considerável de tendência agressiva no seu dote de impulsos. Por esse motivo, o próximo não é apenas um possível ajudante e um possível objeto sexual, mas também uma tentação para se satisfazer nele a agressão, explorar sua força de trabalho sem recompensá-lo, usá-lo sexualmente sem o seu consentimento, apropriar-se de seus bens, humilhá-lo, causar-lhe dor, torturá-lo e matá-lo.[67]

E também a respeito da importância da intervenção da cultura na conduta das pessoas e do papel de contenção dos impulsos de violência desempenhado pelo superego:

> Assim, a cultura domina a perigosa agressividade do indivíduo na medida em que o enfraquece, desarma e vigia através de uma instância em seu interior, do mesmo modo que uma tropa de ocupação na cidade conquistada.[68]

A civilização, representada pela organização simbólica de determinado momento histórico-social, foi na cultura patriarcal bastante parcial em relação a esses princípios. Hoje, estes são questionados, mas ainda estamos diante de contradições entre as práticas mais igualitárias em relação a outras mais tradicionais. Esse é o fenômeno chamado de "desmapeamento", com o qual temos convivido na contemporaneidade.[69]

Vivemos em um mundo cujas regras construídas para os homens estão se esgotando. Em que está claramente desenhado um conflito social entre as novas regras propostas pelos novos discursos e aquelas construídas sobre os velhos princípios. Alguns de nós não aceitam mais as antigas práticas (os antigos *mapas*), enquanto outros as defendem. Outros, ainda, tentam se equilibrar entre elas e os novos códigos.

Pior que isso, vivemos em constante conflito no interior de nós mesmos e surpreendemo-nos quando alguém como o jornalista Pimenta Neves, suposto representante de uma nova realidade social, age segundo um poderoso dispositivo de ordem simbólica que acreditávamos superado, pelo menos para pessoas de seu perfil.

Mais uma vez é preciso que estejamos atentos! O que nos permite imaginar que um jovem discurso social, de 50 anos, possa sobrepujar dispositivos tão poderosos, que sustentaram outra ordem social e outra dinâmica psíquica durante milênios?

Novos modos de subjetivação não se impõem por decreto. Tampouco são absorvidos por meio de punições. Resta-nos, portanto, saber como nos guiar em direção a uma nova ordem simbólica, que não se reduza ao modelo fálico responsável pela desigualdade entre os sexos. Onde buscar os meios necessários para a desconstrução dos valores tradicionais e a possibilidade de operar novos discursos mais condizentes com os contemporâneos? Um discurso que, levando em conta uma nova ordem simbólica, permita considerar o estímulo à violência, em seu sentido vil, algo superado como sinal de virilidade. Um discurso que traduza a reação de violência do homem contra a mulher como uma clara demonstração da *vulnerabilidade masculina*. Não mais como algo de se orgulhar, mas algo de se envergonhar.

# 15.
# Consequências malditas

ENTRE PESSOAS ÍNTIMAS, RELAÇÕES de violência têm, em médio e longo prazo, efeito desagregador. Promovem o distanciamento de afetos e relações baseadas no medo, sendo, portanto, responsáveis por inúmeros prejuízos de ordem física, moral e psicológica. Além disso, a prática da violência impede que se desenvolvam formas maduras de administração de tensões entre os envolvidos e se amplie um repertório mais saudável de manejo das frustrações cotidianas. Filhos de famílias violentas, sejam vítimas ou testemunhas, tendem a adotar o modelo para resolver os próprios conflitos, reproduzindo a cultura familiar. Chamamos a esse fenômeno, produzido pelo processo de subjetivação que já discutimos, de *violência transgeracional*. Contudo, se até recentemente foi esse o padrão das relações de gênero nas famílias hierarquizadas, se foi por meio do direito de exercer a força bruta que os homens garantiram seu prestígio, como descartar tudo isso tão simplesmente?

As mudanças culturais que vêm se impondo, orientadas pelas falas das mulheres, interferem na valoração dos comportamentos e opõem-se frontalmente aos modelos tradicionais de produção das subjetividades masculinas. O modo de funcionar da sociedade contemporânea vem apoiando suas ideologias no princípio da alteridade, tanto no âmbito público como no privado, o que representa para os homens uma condição pelo menos insólita, exigindo deles uma nova lógica de funcionamento para a qual não foram preparados.

Levando em conta as mortes violentas entre os homens – provocadas por acidentes de trânsito, suicídios e homicídios –, o número de vítimas subiu de 38.171 em 1980 para 112.709, crescimento de 195,5%.

Ao longo dos diversos mapas que vêm sendo elaborados desde 1998, emerge uma constante: a elevada proporção de mortes masculinas nos diversos capítulos da violência letal do país, principalmente quando a causa são os homicídios. Assim, por exemplo, nos últimos dados disponíveis, os de 2012, pertenciam ao sexo masculino: 91,6% das vítimas de homicídio na população total e ainda mais entre os jovens: 93,3%.[70]

No que se refere ao gênero, "em 2012, a taxa de 54,3 homicídios masculinos era 11 vezes superior à feminina, de 4,8. E, entre os jovens, essas diferenças são ainda mais gritantes: a taxa masculina cresce 199% [...] e resulta 14 vezes superior à feminina".[71]

Uma grande diferença, entre os gêneros, aquilo que chama a atenção dos estudiosos, é a surpreendente defasagem entre os grupos masculino e feminino no que diz respeito às práticas mais letais e criminalizadas de violência. Já chamei a atenção para isso. Por essas pesquisas, fica óbvio que os homens não praticam violência exclusivamente contra as mulheres, mas também contra outros homens e contra si mesmos. E sempre pela mesma razão: reassegurar-se de sua virilidade.

Rapazes jovens, menores de idade, se aproximam cada dia mais do mundo do crime. Infelizmente, nossos governantes só conseguem pensar em legislar. Um tema recorrente é o da redução da maioridade penal, o que não passa de um engodo. Talvez funcionasse se tivéssemos à disposição desses jovens um sistema modelar de acolhimento, que os protegesse do crime oferecendo-lhes amparo e preparo para uma vida mais criativa. Tal como já comentei em relação ao aprisionamento de homens que praticam a violência, repito que nosso sistema prisional não corrige nem recupera – ao contrário, apenas aperfeiçoa as competências na criminalidade e cria matéria-prima para a violência. Novas leis de redução da idade penal apenas levariam meninos cada vez mais jovens para a morte, ainda que indiretamente.

Seria melhor a sociedade arregaçar as mangas e ajudar a reavaliar nossa sujeição a um código que, se originalmente construído para garantir a hegemonia masculina, vem se tornando a cada dia mais obsoleto. Na história, não há como retroagir; portanto, melhor seria se avançássemos juntos.

Diz o psiquiatra Jairo Bouer [72] a respeito das principais causas de suicídio entre os homens:

> Na esfera das reações aos eventos da vida, especula-se que algumas questões podem pesar mais para os homens do que para as mulheres [...]. Em uma sociedade machista, que cobra do homem força, poder, sustento da família, lidar com eventuais fracassos, o desafio pode parecer intransponível. O homem, isolado e envergonhado por não conseguir resolver suas dificuldades por conta própria, torna-se refém de uma armadilha emocional complicada de ser desmontada.[73]

Quanto à violência voltada contra as mulheres, desde a promulgação da Lei Maria da Penha, em 2006, o número de feminicídios praticados por companheiros e ex-companheiros aumentou a olhos vistos. Se em 1980 eram assassinadas cerca de 1.300 mulheres por ano, entre 2000 e 2010 quase 40 mil mulheres foram mortas, o que corresponde à morte de 4 mil vítimas por ano.[74]

Não se sabe a causa desse aumento absurdo de mortes nos últimos anos. Parece um paradoxo, considerando-se as leis promulgadas recentemente. Poderíamos pensar que esses números representam um efeito colateral dos consideráveis ganhos de independência do grupo feminino? Francamente, é difícil afirmar. Seja qual for a causa, estamos diante de uma situação de emergência.

Quando situações de violência desse tipo ocorreram diante de meus olhos, constatei que a agressão era antecedida por uma expressão de medo e raiva no olhar do agressor. Quase todos os dados corroboram a tese de que a reação violenta se manifesta como um mecanismo de defesa, acionado sempre que surge a necessidade urgente de *reafirmar o poder*. O herói, ameaçado de perder sua glória, resvala para a escuridão. O ego perde o controle da situação, permitindo a liberação dos fantasmas ameaçadores do psiquismo.

Entretanto, há um dado surpreendente para o senso comum, o qual me foi confirmado pelos próprios homens envolvidos em casos de violência: o furor vem sempre acompanhado de muita dor.

José, que passou a vida toda se moldando para ser um "homem de verdade", tem muito a nos dizer sobre o furor e a dor. Aos 70 anos, relembra o modelo de masculinidade herdado do pai e diz ter várias fobias sociais em decorrência disso.

*Meu pai era um intelectual de respeito. Era um homem sério, raramente sorria e estava sempre às voltas com seus livros e sua filosofia. Acho que não era esperado, antigamente, que os homens sorrissem. Eu tinha duas irmãs menores que riam muito, as quais ele não levava a sério, e até não sabia muito o que fazer com elas. Viviam em dois mundos. Quanto a mim, cabia a ele o compromisso de me educar como o único filho homem. Eu, de minha parte, via-o como um herói e procurava imitá-lo em tudo. Acho que meninos se identificam com seus pais e procuram ser como eles. Meu pai era ciente disso e se preocupava em me educar à sua imagem e semelhança. Para isso, desde muito cedo, me ensinou a ler os clássicos e fazia listas dos textos que eu deveria conhecer. Eu tinha apenas 9 anos quando comecei a discutir filosofia com ele. Senti-me um verdadeiro homem, e me esforcei para ser um sucesso. E ai se não fosse! Para minha sorte, aprendia tudo com muita rapidez e precocemente comecei a participar ativamente de um grupo de amigos dele, contribuindo com minhas pesquisas. Brincar nunca foi prioridade para meus pais em relação a mim. Também não me lembro de ter chorado, nem na infância. Eu não tinha por quê. Também nunca aprendi a valorizar o humor.*

*O poder do meu pai na família era indiscutível. Tal como tantos outros pais, julgava que sua posição de patriarca lhe conferia o direito de exercer sua autoridade de forma irrestrita e eu jamais duvidei dessa premissa. Minha mãe tampouco. Apesar de ser uma mulher inteligente, não se imaginava compartilhando da vida intelectual do seu marido ou do seu poder. Restringia-se a cuidar dos filhos e se esforçar por fazê-lo feliz, ou seja, satisfazer suas vontades. Nunca a vi levantar a voz para ele. Acho que tinha pena de mim, de quanto eu era dedicado em agradá-lo, e tentava me compensar satisfazendo todos meus desejos. Ou será que me enxergava como um homem e sentia tanto respeito por mim quanto por ele? Sempre achei que era por pena, mas hoje você me fez pensar nisso. Minhas irmãs jamais tiveram os mesmos privilégios que eu. Hoje me dou conta do quão autoritário e arrogante fui me tornando com ela e com minhas irmãs. Elas eram bem carinhosas comigo... Sempre as tratei com certo desprezo.*

*Fiz uma carreira brilhante e hoje ocupo um cargo público importante. Estou certo de que ele estaria orgulhoso de mim se fosse vivo. Minhas irmãs não tiveram o mesmo sucesso. Uma casou-se com um crápula, um sujeito cruel e mesquinho. Hoje ela está viúva e depende financeiramente de mim. Acho que está meio desequilibrada. A outra sei pouco da sua vida, a não ser que foi advogada como meu pai. Chegou a trabalhar, mas abandonou a profissão para cuidar da casa e dos filhos.*

*Enfim, digamos que a dedicação do meu pai, seu investimento em mim, deu certo.*

*O único problema hoje são os meus medos. Tenho um monte de medos. Fico apavorado todas as vezes que tenho de falar em público ou me expor publicamente, o que não é raro em função do meu cargo. Sempre acho que não vou conseguir. Sofro de várias fobias: fobia de altura, fobia social... Também não posso ficar sozinho num espaço muito grande, porque é como se eu fosse sumir. Acabo me virando, mas fico completamente estressado antes de conduzir uma reunião, falar para uma plateia ou dar uma aula. A única coisa que me ajuda é meu uisquinho antes, durante e depois. Às vezes bebo um pouco demais e fico agressivo, muito agressivo mesmo. E geralmente brigo com minha mulher. Em geral não me lembro de nada, ela é quem me conta no dia seguinte, mas acho que não dou vexame na frente dos outros, só com ela, mas, apesar do meu furor, não boto a mão nela. Tenho vergonha dos meus filhos. Um deles é homossexual.*

*Quando estou de fogo, acho que falo tudo que penso. Dependo muito da minha mulher, mas não tenho saco para ela. Sempre que pode, ela procura escapar de mim. Sai para algum lugar e aí é que eu fico mal mesmo. Encho a cara, durmo no sofá e tenho um monte de pesadelos. Odeio, mas preciso da companhia dela! Ah! Esqueci de dizer que também não ando a pé sozinho na rua, só ando de carro ou com alguém. Sempre convivi com isso. Nunca pensei em me livrar. Durante muitos anos não tive nenhuma noção do que se passava comigo. Quando me vi diante da contrariedade de enfrentar uma doença grave de um dos meus filhos, procurei a análise para me ajudar.*

*Acho que não era bem isso. Foi uma longa jornada, mas hoje percebo que só começou quando pude assumir minhas próprias dores. Hoje penso que fui mais pai do que filho do meu pai. Para satisfazer sua vaidade, tivemos, eu e minha família – mãe e irmãs –, de nos enquadrar nas suas expectativas, sem poder nos dar conta do que queríamos de verdade. Assim mesmo ele continua sendo um herói para mim. Devia ter sua própria carga e fez por nós tudo que sabia, tudo que achava certo. Ganhou dinheiro, nos deu de tudo, era seu jeito de demonstrar amor. Não posso condená-lo.*

*Eu sempre me vi obrigado a negar qualquer sofrimento, a escondê-lo para poupar minha imagem. Construir uma imagem de sucesso baseada no exemplo dele foi uma norma para mim. Essa imagem foi sendo construída desde a infância, através de uma noção distorcida de mim mesmo – o super-herói, o perfeccionista, o gentil, o educado... Fazendo de conta que estava tudo bem, fui me "mumificando" e me afastando do mundo social. Sempre estudei muito e me achei melhor do que os outros. Disfarçar o sofrimento e a depressão, para mim mesmo, foi se tornando cada vez mais difícil, na medida em que ia envelhecendo. Descobri que sempre podemos nos livrar dos "sentimentos", mas nunca dos sintomas. Aderi ao álcool desde cedo, desde que descobri que ele me dava uma certa coragem. Só que quando passo do ponto fico com coragem demais e posso fazer muita besteira, como dirigir o carro até me matar.*

*Meu pai, sem querer, fez todos nós sofrermos, principalmente minhas irmãs, que eu tanto desprezava. Hoje me dou conta da dependência que tenho em relação às mulheres, primeiro minha mãe e agora minha mulher. Elas foram e são as que me dão suporte na vida. Acho que meu filho virou homossexual para se livrar desse modelo.*

Esse é o caso típico de um homem que desenvolveu seu intelecto à parte de suas emoções. José faz uso do álcool, segundo ele próprio, para obnubilar a mente e entorpecer seus fantasmas. Porém, é justamente aí que os fantasmas se libertam. É muito comum homens e mulheres com depressão e ansiedade buscarem alívio no álcool, mas seu uso contínuo potencializa a depressão e a ansiedade, devido às alterações neuroquímicas, conforme demonstram as pesquisas. Infelizmente, é comum homens violentos exacerbarem tal inclinação sob o efeito de substâncias psicoativas. As mulheres, em um passado recente, cumpriam o papel que José sonha que sua mulher desempenhe. Era um comportamento institucionalizado. Servir de anteparo ao marido, apaziguá-lo, pedir calma na casa porque "o papai vai chegar" etc. Não se dizia que "por trás de todo homem bem-sucedido há uma grande mulher?" Pois é... Os homens ficavam bem mais protegidos dos conflitos, por isso aprenderam a lidar melhor com as guerras do que com as emoções!

Por tudo que foi dito, para interpretar as ações violentas nas relações de gênero, parece-me bastante coerente não deixar escapar o que elas pretendem comunicar. Ao contrário do que se pensa, o que elas comunicam é a incapacidade de lidar com o medo, a confusão e a insegurança, próprios da condição humana, e é assim que devemos abordá-los.

Se concordarmos que a rigidez do discurso social a que temos estado submetidos nos últimos 2 mil anos carece de acolhimento para as vicissitudes da condição humana, resta-nos a possibilidade de trabalharmos por sua desconstrução, por uma nova ordem simbólica que leve em conta nossas vicissitudes pulsionais.

O uso da violência para solucionar conflitos afetivos indica, tão somente, uma fraqueza impulsionada pelo medo, pela dor e a pela frustração. Não passa de um estratagema do herói fálico ameaçado, que busca com gestos grandiloquentes disfarçar seu abandono. Por surpreendente que minha sugestão possa parecer, estou segura de que é preciso *fortalecer os homens*, ajudá-los a sentir-se menos ameaçados na sua masculinidade – menos ameaçados pela feminização – para, de fato, poder dizer que estamos colaborando com um movimento de desconstrução da violência de gênero.

Um homem quando se sente fracassado, humilhado e com vergonha reage pelo único canal emocional que lhe é, desde muito cedo, liberado: o da briga. Desde menino, ele é criticado por qualquer outra demonstração de seu desapontamento. Com tão poucos recursos instrumentais, já que não deve chorar ou se lamentar, tende a se isolar ou tornar-se agressivo. Meninos com dificuldades de lidar com a dor e o desapontamento começam a ir mal na escola e rejeitam a oferta de qualquer ajuda alheia. Segundo o código masculino, aceitar ajuda é denunciar fraqueza. William Pollack nos alerta:

> O código dos meninos é tão forte e, ao mesmo tempo, tão sutil que os garotos nem ao menos percebem estar vivendo de acordo com ele. Na verdade, nem sequer notam a existência dele a não ser que o violem de alguma forma, ou tentem ignorá-lo. Quando o fazem, entretanto, a sociedade tende a torná-los cientes – imediata e forçosamente – na forma de uma provocação vinda de um irmão, uma reprovação vinda da parte dos pais ou de um professor, ou o ostracismo dos colegas.[75]

Vemos as consequências dessas reprovações muito claramente explicitadas no depoimento de Mario, executivo de 48 anos:

> *[...] pedir ajuda era quase um pecado mortal para mim. Eu ainda não me sinto tranquilo, mas hoje acho que estou lidando melhor com as coisas – até porque estou conseguindo me abrir, expor as coisas. Ontem, quando falei com minha mulher, fiquei bem aliviado. O fato de ter simplesmente falado, [...] de pedir ajuda, de não me sentir culpado pelos meus medos [...] é uma diferença bastante grande no meu jeito de encarar problemas. A palavra "problema" ainda me assusta porque durante muito tempo ressoava como uma sentença de morte. Desmoralização total. Hoje, penso que [...] erros vão acontecer, mas acho que não vou me sentir tanto um pobre incapaz.*

Aqui a alteridade se faz presente em uma nova maneira de se relacionar, compartilhando o conflito com um outro que não irá destruí-lo, julgá-lo ou rejeitá-lo, mas será capaz de ouvi-lo com ternura e inteligência. Essa é sua grande aquisição. Correr o risco de falar. É um caminho sem volta de um círculo virtuoso em que podemos reconhecer o outro e sentir-nos reconhecidos por intermédio de seu olhar. Relembrando Francis Bacon, "sou visto, logo existo".

# 16.
# Capital intelectual e a resistência ao assujeitamento

VALE LEMBRAR QUE NÃO estou falando de um conceito absoluto de masculinidade, já que esta é múltipla e possui tantas dimensões que, dependendo das crenças, experiências, educação e condição social de cada homem, as expressões que pode ganhar são forçosamente variadas. Não existe uma experiência masculina universal, porque a questão da diversidade estará sempre presente. Há homens brancos, negros, gays, velhos e jovens. Há homens ricos e homens pobres. Há homens educados e homens rústicos. Há homens submetidos e homens poderosos. Para não falar das diferenças culturais entre os povos. Quais seriam os mais ou menos homens?

Não tenho a pretensão de construir aqui uma hermenêutica do masculino, e sim questionar as definições que tendem a ignorar as dimensões do lugar de onde falam. Sem perder de vista o princípio da pluralidade, procuro apenas ressaltar os tais *conteúdos subjetivos recorrentes* que consegui identificar nas distintas amostragens com as quais trabalhei. Meu objetivo não é discutir as caricaturas do masculino, ou seja, o *Latin lover* ou o misógino ortodoxo, e sim delinear os perfis mais comuns que encontrei. Aqueles que considerei padrões estáveis, que fazem parte de um repertório mais comum de reações. Portanto, se um homem não se identificar com nenhum de meus perfis, ele não deve sentir-se excluído. Obviamente, ele ainda é homem.

Mesmo respeitando essas diferenças, durante séculos, o modelo masculino de virilidade se impôs e foi sustentado por uma infinidade de crenças compartilhadas. Enquanto isso, nós, mulheres, mantivemos nossa crença de que apenas os homens possuíam as aptidões necessárias para a organização da sociedade humana. E mais: que dessas aptidões dependia a realização pessoal de todos. Assim sendo, fizemos a nossa parte.

Os homens talvez continuem os mesmos, mas as mulheres certamente mudaram. As mulheres que hoje questionam os "vilões" podem ter sido as mesmas que ontem os admiraram como heróis. Cresceu significativamente o número daquelas que reagem às atitudes ditatoriais clássicas, ou mesmo a princípios da Ordem que os homens ainda consideram "naturais ", indício de uma nova ética do grupo feminino. Os números de boletins de ocorrência registrados nas Delegacias de Defesa da Mulher[76] confirmam as crescentes reações negativas das mulheres a ações indesejadas da parte dos homens. Uma campanha criada pela jornalista Juliana de Faria, denominada "Chega de fiu-fiu", critica duramente um tipo de manifestação masculina, supostamente um flerte, considerado cordial ou até atraente no tempo em que as moças caminhavam em torno do coreto da praça e os rapazes ficavam parados, observando-as e manifestando suas impressões.[77] Contatos físicos libidinosos ou manifestações verbais de baixo calão, é claro, são exemplos extremos desse mesmo tipo de expressão. Hoje considerados *assédio sexual*, esses comportamentos provocam um tipo de reação que aponta, definitivamente, para o novo repertório das mulheres. Um repertório que pretende nos libertar da subordinação na qual estivemos engajadas por milênios, que define uma nova lógica de funcionamento mental e visa à desconstrução de qualquer prática que possa alimentar uma moral hegemônica. Quando um homem quer chamar a atenção de uma mulher, sempre apela para sua sexualidade. Quando uma propaganda quer vender um produto, também. Se essas práticas se mantêm, é porque ainda confirmam seu bom resultado. É importante investigar. O que os homens têm a dizer a respeito? É fundamental que se entendam os dois lados dessa tão intrincada relação.

Nunca antes se problematizou a masculinidade, mesmo que de maneira indireta, da forma conceitual e sistemática como os movimentos feministas o fizeram. Os homens sempre se locomoveram em certa "zona de conforto", pois sua posição dominante na sociedade nunca permitiu que fossem considerados "excluídos". Além disso, eles não teriam de refletir sobre algum tipo de ônus numa sociedade que enfatizava apenas seus bônus.

Para um dos meninos analisados por Freud, um ser era animado ou inanimado se tivesse ou não um pênis.[78] Só era vivo se tivesse pênis... Assim como esse menino, nós, mulheres, durante milênios, aceitamos a pertinência da força e do poder projetados no pênis/falus, e permitimos que a vagina e o útero fossem colocados de escanteio, assumindo a posição de simples objeto de prazer dos seres penianos.

Nos dias de hoje é fácil entender a associação entre a crença ingênua das mulheres e a do pequeno Hans, já que pênis e vaginas vêm ganhando sentidos e valores distintos do que tinham antigamente. Agora podemos entender a fantasia não apenas do menino, mas também do imaginário coletivo que se construiu por meio de símbolos sexuais de caráter essencialista.[79] Não que não tenha havido anteriormente conflitos entre pênis e vaginas, mas, nos dias que correm, se ainda fosse vivo, o pequeno cliente de Freud teria, diante do *extermínio* de alguns símbolos, sérias dúvidas sobre quais seriam os seres animados e os inanimados.

Tampouco se pode deixar de considerar as diferenças de práticas de gênero associadas às diferenças de capital intelectual. As classes menos favorecidas, mais carentes de informação, mais expostas a situações de risco, não são nem mais passivas, nem menos complexas do que as demais. Contudo, por deterem um repertório menor de respostas, ficam mais apegadas a mitos e crenças, tendendo a aderir mais rigidamente às prescrições da

Ordem[80]. No contexto dos mais pobres, o domínio dos homens sobre as mulheres, ou a certeza de obter de sua companheira o consentimento do dominado, se torna fundamental como *apoio identitário*.[81] Menos gratificados – ou até carentes – de demonstrações claras de reconhecimento social, esses homens dependem mais de suas famílias – como núcleo social – para espelhar uma imagem favorável e reassegurar sua masculinidade. Isso significa que podem exigir delas regras de submissão mais rígidas, e reagir com maior violência a comportamentos que coloquem em xeque sua masculinidade.

Já nas classes privilegiadas se nota que homens poderosos, enérgicos e autoritários, caracterizados por uma atitude atrevida e muitas vezes insolente com os demais, buscam as demonstrações de poder como forma de exibição de sua virilidade. Tenho observado que, para homens com esse perfil, conflitos com suas companheiras são tratados como incômodos menores e rapidamente negados. São comuns frases como: "Mulher minha não faz isso ou aquilo", "Nessa casa quem paga manda", "Eu já falei e não vou repetir" ou "É tudo bobagem".

A grande diferença, nesse grupo social, fica por conta da reação de algumas mulheres, que recorrem com menos frequência ao enfrentamento, por várias razões: são cientes de seus limites e de seus privilégios, têm mais recursos à sua disposição, sentem-se mais empoderadas e encaminham melhor as regras do jogo. A ressalva a ser feita aqui é que é mais difícil obter dados a respeito dessa faixa populacional, já que, devido à sua posição, seus integrantes se servem de recursos privados, podendo evitar que sua vida íntima e seus conflitos se tornem públicos. Mulheres com maior capital intelectual mostram-se menos vulneráveis à submissão. Isso não significa que estejam acima dos conflitos ou que sejam poupadas do sofrimento, mas apenas que têm mais instrumentos à sua disposição se precisarem usá-los.

De qualquer forma, práticas mais solidárias são claramente observadas entre casais das classes médias, nas quais mulheres e homens são igualmente participativos e investem em carreiras próprias. Esses casais demonstram maior controle sobre sua dinâmica de relacionamento e mostram-se menos submetidos aos padrões sociais mais tradicionais. A verdade é que até se orgulham de ser "diferentes", orgulham-se de sua singularidade. Geralmente são mais preparados para manter um diálogo produtivo, que contribua para uma organização e um planejamento de vida voltados para o interesse comum. Compartilham mais suas experiências pessoais e permitem-se aconselhar um com o outro. Como figuras parentais, procuram discutir e ser solidários no encaminhamento dos conflitos com os filhos. Esse cenário reflete maiores níveis de compreensão, e uma equiparação de poderes e respeito mútuos. Esses casais são popularmente chamados de "casais modernos", que eu definiria como aqueles em que a mulher se apropria de seus poderes e o homem, de sua afetividade.

Em 1997 participei de uma pesquisa[82], inédita no Brasil, voltada para a compreensão da relação dos homens de educação universitária com o exercício da paternidade. Os dados obtidos confirmaram essas tendências, demonstrando a relevância da informação e da educação no desenvolvimento da capacidade de tolerância e de lidar com conflitos de forma mais pacífica e construtiva.

A educação formal e informal representa um claro fator de resistência ao assujeitamento e à prática da violência. A faculdade de pensar e ter consciência de si, libera os indivíduos em seu processo de singularização, tornando-os mais aptos para os processos de ressignificação dos inúmeros mitos e tabus da sociedade.

# 17.
## Relações sadomasoquistas e o dominador ferido

TODO CUIDADO É POUCO quando se fala de violência. Devemos ser extremamente cautelosos quando examinamos comportamentos decorrentes de fatores de estresse social que tangenciam o campo dos transtornos psíquicos. Em alguns casos, transtornos psicopatológicos podem estar na raiz de comportamentos ligados à agressividade, dificultando a realização de diagnósticos diferenciais relativos à questão do tema da violência contra a mulher.[83] Considerando que as políticas públicas optaram pela judicialização do fenômeno, qualquer outro tipo de abordagem torna-se inviável. Se o caso é de psicopatia, psicose, obsessividade compulsiva, sadismo ou se o par está envolvido em uma dinâmica sadomasoquista, se sofrem de delírio de ciúme, transtorno bipolar ou qualquer outro quadro psiquiátrico, não importa: o ritual será o mesmo. Diagnóstico e planejamento de ação são vetados ao profissional adequado, já que o rito a ser seguido será sempre o da proteção da vítima e da punição do agressor.

Quando se menciona, por exemplo, a complementaridade nos relacionamentos em que a violência se manifesta, não se pode deixar de lado um tipo de relação especular existente entre dominador e dominado. Nela, o objetivo do dominador não é provocar a dor no dominado, mas exercer sobre ele o impulso da dominação.[84] Às vezes, nesse tipo de relação, torna-se quase impossível definir quem é o tirano e quem é a vítima. Estou falando de uma variante das relações de poder que se caracteriza por proporcionar um prazer sexualizado àquele que impõe a outra pessoa o sofrimento físico ou moral: o sádico. Numa relação a dois, esse prazer pode vir a ser compartilhado por alguém que, paradoxalmente, sente prazer em ser submetido à dor e à humilhação: o masoquista.

Não pretendo debater longamente a questão do sadomasoquismo, mas apresento aqui o tema porque não posso excluí-lo sem justificar as razões inquietantes que me levam a mencioná-lo.

No século XVIII, Sacher-Masoch – cujo nome deu origem ao termo *masoquismo* – descreveu em primeira pessoa suas experiências nessa área. No romance *A vênus das peles*[85], ele conta como, nesse tipo de relacionamento, o masoquismo é mantido pelo sadismo, e vice-versa. "Entre vítima e tirano não existem papéis fixos, não existe ruptura", afirma. Os dois se alternam no desempenho de suas experiências e de suas emoções, ora dominando, ora sendo dominados. Aquele que é identificado como vítima pode ser o verdadeiro tirano, que obriga o tirano oficial a escravizar-se à sua vontade de vítima para manter o controle da situação. Desse ponto de vista, o tirano pode ser rapidamente transformado em vítima, dependendo das circunstâncias.[86]

Essa é uma patologia cuja dinâmica não difere de muitos dos jogos de poder estabelecidos, ainda que inconscientemente, entre certos casais. É claro que a violência não se esgota no sadomasoquismo e que tiranos absolutos também existem fora dessas relações. Trago esse exemplo para mostrar a necessidade de diferenciar os vários tipos e nuanças da prática da violência entre casais. De meu ponto de vista, eles não deveriam ser pasteurizados e tratados como um fenômeno único. É importante discriminar práticas sociais indesejadas das possíveis patologias responsáveis pela expressão da violência.

Durante a coordenação de um grupo de homens de baixa renda que cumpria pena alternativa pela prática de violência doméstica[87], registrei o seguinte relato de um dos integrantes, que chamarei de Antônio:

*Nós éramos seis homens sentados em roda, junto com uma doutora. Seis homens simples, como eu. Estávamos todos lá, sentados, como todas as semanas. Cada um contava sua história ou falava do que o preocupava ou dava palpite na fala dos outros. Era muito bom saber que tinha outros caras que sofriam com suas mulheres como eu. Nesse dia, eu tinha ido para o grupo com uma arma no bolso. Antes de o tal cara falar, mostrei a arma para todo mundo e avisei que ia sair dali e matar minha ex. Eu estava muito nervoso. Minha ex merecia morrer ou eu ia enlouquecer. Aliás, já estava louco. O doutor que estava com a gente chamou uma doutora que disse que, nesse caso, não ia poder manter meu segredo e tinha de telefonar para minha ex e avisá-la, para que se protegesse de mim. Todo mundo já tinha me dito que eu não devia fazer isso, que ia me prejudicar, que ia prejudicar meus filhos, mas eu não queria saber. Estava tão louco de ódio que só queria acabar com ela. Ela estava me fazendo de besta. Um dia dizia que queria voltar e me seduzia pra eu transar com ela. Aí parecia que me amava, que queria ficar comigo. No outro dizia que tinha outro homem, que eu não valia nada, que o outro, sim, era melhor, que nunca mais ia voltar comigo. Ia e vinha e eu não conseguia me desgrudar dela. Resolvi que ia mesmo matar. [...] Tinha um cara que era da Igreja Universal e ele começou a fazer sermão. Aí foi que um outro cara, um colega novo, que antes não queria falar, desembuchou a história dele. Começou a contar como tinha* ESCALPELADO *sua mulher com uma faca. Meu Deus, fiquei tonto! Sabe o que é escalpelar? Ele cortou o couro cabeludo dela com uma faca e arrancou um bocado de pele com cabelo. Um horror... [...] Todos nos arrepiamos! Mas ele continuava calmo, sem se alterar. [...] Depois de ouvir o que ele contou calmamente, eu comecei a ficar com nojo da gente. Nojo dele, nojo de mim, nojo de todos ali, cada um se explicando por que foi grosseiro, por que agiu como uma besta humana. Pensei nos meus filhos. Aqui eles sempre dizem que devemos usar a palavra, que falar é um instrumento muito mais poderoso, eles dizem pra gente comunicar o que quer. A gente faz esse exercício entre nós. A força não adianta, só funciona na hora do desabafo, mas não melhora a vida. Tudo isso eu sabia, mas não sei explicar, achava meio bobagem, conversa mole. Quem é homem não leva desaforo pra casa. Se me provocam, eu tenho mais é de fazer alguma coisa, só quero saber de revidar. [...] Mas, naquela hora, não sei o que me deu, eu falei pra eles guardarem a arma pra mim. [...]*

Esse depoimento poderia sugerir o tipo de comportamento sádico de uma mulher que leva o parceiro à loucura? Nesse caso, seria Antônio não apenas o perpetrador, mas também uma vítima do sadismo da mulher? Sim ou não? E o escalpelador, o que seria? Mais que um homem violento, um psicopata ou um psicótico que, em vez de ir para a cadeia, deveria receber atendimento psiquiátrico? Pois bem, ele não foi encaminhado a lugar nenhum – nem aos serviços psicossociais, nem à prisão – e deve estar solto por aí escalpelando mulheres desavisadas.

Gostaria de chamar a atenção para a dor e o sofrimento de Antônio. Seu relato a respeito das idas e vindas da mulher, ora envolvendo-o com promessas e beijos, ora o rejeitando, quase o fizeram perder a razão. Não que não devesse ser punido, mas é preciso considerar que, em casos como esse, ocorre uma complementaridade de papéis em que a dupla homem-mulher é igualmente responsável pela dinâmica de violência com a qual convive. Pressão psicológica também é considerada violência. O que fazer para interromper esse círculo de horrores?

Levando em conta que a produção da subjetividade não é estática, mas estruturada de acordo com o que o ambiente oferece, inúmeras são as possibilidades de ressignificar antigas narrativas, normas e dinâmicas e inaugurar novos sentidos para a existência. Nesses casos, seria primordial que não apenas um deles, mas o casal pudesse entender suas posições originais.

A questão é que os programas que pretendem deslegitimizar a violência – produto do pensamento biunívoco, maniqueísta –, que se dedicam apenas ao empoderamento da vítima e à punição ao agressor, é falha no atendimento às necessidades dos casais e das famílias.

Os programas unilaterais de proteção às mulheres oferecem, sim, esquemas de ressignificação de valores. E essa é a principal razão pela qual eu os questiono, mesmo que reconheça que as mulheres empoderadas têm mais condições de se afastar de seus algozes. O problema é que nessas condições, claro, a coabitação se torna impossível, exigindo o rompimento entre as partes – o que pode tornar a mulher duplamente prejudicada porque promove a dissolução da família e cria problemas de ordem econômica. Em situações ainda mais dramáticas, a solução é a ocultação da vítima em casas especiais, de paradeiro não revelado, mantidas pelo Estado. Não há preocupação com o destino do agressor, desde que salvemos sua mulher. E o que será da próxima mulher desse homem? O que nos resta fazer? Divórcios em massa? Terapias de castração química? Lobotomias?

Como apontei no início deste livro, se não existe um destino psíquico ou biológico na forma de ser mulher, de se comportar como mulher, por que existiria um destino biológico que definiria a forma de ser homem? Dizendo de outra forma, se mulheres não são – como pretende o essencialismo – pura emoção e fragilidade, por que os homens seriam violentos pela "própria natureza"?

Quem sabe, se abandonando o essencialismo e nos orientando por meio das teorias construtivistas, possamos romper com os mitos maniqueístas a que estamos submetidos e aprender a olhar para os homens "violentos" tal como aprendemos a olhar para as mulheres "passivas"? Nas pesquisas de Margareth Mead, vimos como, dependendo da cultura em que estão inseridos, os homens podem ser ferozes comedores de cabeça ou pessoas gentis. O que esperar de um homem cuja identidade foi constituída sob o desígnio da negação de todo e qualquer traço de delicadeza? Que teve de repudiar a feminilidade como prova de sua heterossexualidade? Nada, a não ser que possamos colaborar com a desconstrução dessa velha ordem simbólica, em que dominar é sinônimo de virilidade. Em que a violência é uma forma de confirmar sua identidade, cuja ameaça de perda gera sensações terríveis de aniquilamento.

## 18.
## O lento esfacelamento do acordo e a intersubjetividade

> *Quem soubesse quanto pesa um cetro,*
> *se encontrasse um caído no chão,*
> *não se daria ao trabalho de erguê-lo.*
> MONTAIGNE

QUALQUER CONDUTA SE MANTÉM graças a um paradigma correspondente: conduta e paradigma são necessariamente ligados entre si, e o conjunto se traduz em práticas cuja origem escapa à plenitude da razão. Assim como alguém que está feliz ri às gargalhadas ou quem está triste chora, ao longo da história as mulheres se submeteram aos homens por serem mulheres e os homens dominaram as mulheres por serem homens.

Ainda que eu já tenha apontado algumas variáveis que se reuniram para constituir o tipo de organização social patriarcal que discuto aqui, é impossível precisar a razão de suas mais profundas determinações. Não posso atribuir a culpa do patriarcado ao homem que está ao meu lado. Então a quem? Aos nossos governantes?

Podemos imaginar que, em dado momento histórico, tal como um grupo extraviado em movimento, numa espécie de *marcha* aleatória em que não se deslocar era impossível, iniciou-se uma caminhada histórica. Assim como qualquer outro movimento, esse também foi deixando um rastro, uma trilha, que, por si só cunhou novos paradigmas. É claro que quando se tem uma prática cria-se, necessariamente, uma mentalidade correspondente. Diante de cada novo acidente ou obstáculo foram se criando novas respostas. Pressupor que esse caminho percorrido tenha tido uma intenção *a priori*, como a de garantir a hegemonia masculina, seria no mínimo ingênuo.

A ideia de explicar fenômenos complexos partindo de relações causais reducionistas é uma verdadeira tentação. Mas daí virão sempre conclusões delicadas, regidas pelo absolutismo da razão fálica e, provavelmente, confundidas com a roupagem que a história nos apresenta.

Em determinada cena do filme *Anna e o rei do Sião* (1946), Anna, professora inglesa contratada pelo rei do Sião no século XIX, leva um tombo que faz que sua saia se erga, expondo seu corpo delgado sob as vestes abundantes. O episódio corriqueiro provoca comoção nas mulheres presentes. Elas imaginavam o corpo de Anna como aquele que suas vestes delineavam: redondo e com grandes ancas. As nativas do Sião, que se enrolavam apenas em panos e deixavam suas curvas à mostra, ficam estupefatas ao perceber que o corpo delas era absolutamente igual ao da estrangeira.

Relembro a cena porque vejo nela um bom exemplo de como conclusões "lógicas" podem iludir nosso olhar sobre a história. De como nossa razão, sempre apressada e onipotente, tropeça na vã tentativa de buscar a verdade última dos fenômenos. Monoteísmo e patriarcado estão associados, mas helenismo e patriarcado também, o que não nos permite precisar suas origens em um ou outro. Não sabemos se foram impostos ou simplesmente adotados e praticados por razões que desconhecemos. Assim como no exemplo de Anna, nem todos os dados estão visíveis, e convém sermos sempre cuidadosos. Já cansamos de ver quanto mães temerosas e fiéis ao discurso social vigente ainda criam seus filhos para se dar bem no mundo dos homens, com seus temores a qualquer traço de feminização.

Até recentemente, apenas as mulheres problematizaram sua situação e chamaram a atenção da sociedade sobre si – e não porque seja de sua natureza chamar a atenção das pessoas, mas talvez porque, diante das novas práticas, quisessem transmitir suas novas descobertas. Agora, como sabemos que toda relação entre duas pessoas é regulada pelo fenômeno da intersubjetividade, precisamos ouvir o que o outro lado tem a dizer.

Embora os homens tenham se munido de leis, sanções e poderes materiais, alguns flancos ficaram descobertos. Foi assim que, no decorrer do século XX, alguns acidentes históricos inesperados delinearam mudanças nas práticas sociais, deixando um rastro cujo resultado foi a alteração de paradigmas, não previstos ou intencionais, que mudaram as relações de poder entre homens e mulheres. No caso das guerras, inúmeras circunstâncias obrigaram as mulheres a criar os filhos sozinhas e a se ocupar de provê-los. Pela mesma razão, espaços públicos foram esvaziados, permitindo que aos poucos as mulheres os preenchessem.

Trabalhar fora de casa foi uma mudança importante que desencadeou uma série de consequências, pois liberou as mulheres da subordinação ao espaço privado. A capacidade de gerar renda mostrou-se fundamental no empoderamento do grupo feminino. Tais novidades, por sua vez, despertaram o interesse do mundo corporativo, que encontrou nesse novo segmento um nicho de demandas de consumo das quais nunca mais abriu mão. Da enceradeira elétrica, passando pelo novo vestuário até a pílula anticoncepcional, esse mercado tornou-se cada vez mais promissor.

Pouco a pouco, os controles tradicionais foram sendo desconstruídos. O surgimento da pílula garantiu às mulheres, pela primeira vez, o direito ao prazer, separando a sexualidade da reprodução. A maternidade já não era um destino obrigatório. Além disso, a pílula podia ser tomada pela mulher em segredo, caso fosse de seu interesse, proporcionando-lhe uma vantagem adicional: o domínio sobre a fecundidade – que podia ser usado também em sentido contrário, como demonstram as queixas dos homens de sentir que seu esperma havia sido "roubado", quando era de "interesse" da mulher engravidar à sua revelia. De maneira justa ou injusta, eles começaram a se dar conta da diminuição de seus poderes. As regras haviam mudado e eles ficavam ressentidos, sem entender o novo acordo. Não sabiam mais como se comportar.

A tudo isso, os grupos dominantes tentaram reagir de forma conservadora, em nome da preservação de mitos seculares que justificavam sua oposição à pílula, ao aborto, às novas formas de relacionamento, perdendo algumas batalhas, mas ganhando outras. Enquanto isso, os homens se mostravam perdidos, sem saber bem como reagir, como nos revela o depoimento de João, a seguir:

*Desde muito pequeno, eu ouvia dizer que tinha de me comportar como um homenzinho. Mas eu pensava: "O que vem a ser um homenzinho?" Bem, seguramente era alguma coisa diferente da minha irmã, que era menina. Quando me separei da primeira esposa, muitos anos depois, minha mãe me dizia para eu "ser um homem". O que ela queria dizer com isso? Para eu não chorar? Para eu não sofrer? Para eu partir pra cima de outras mulheres? Desde pequeno eu soube que um homenzinho não podia chorar, mas as meninas podiam. E quando meu pai e minha mãe se estapeavam, minha irmã chorava copiosamente, enquanto, se chorasse também, eu levava uns tapas do meu pai.*

*Supõe-se que homenzinhos devam copiar o modelo de seus pais, mas minha mãe vivia dizendo que meu pai era um bárbaro! O que fazer?*

*Eu não sabia, mas, na verdade, nunca tive bons modelos masculinos. O pai da minha mãe, meu avô, era um romeno enfezado que tinha inúmeras amantes. Nunca abraçava seus filhos, assim como meu pai, e parecia determinado a fazer as mulheres sofrerem... Por que minha mãe queria tanto que eu fosse como ele? O pai do meu pai não era muito melhor. Era vendedor de artigos domésticos, vendia de porta em porta e viajava grande parte do tempo, voltando para casa só para engravidar minha avó, e, um belo dia, para morrer. Era a única pessoa que conseguia provocar em meu pai a demonstração de seus sentimentos. Ele gostava de descrever quanto aprendera com seu pai e quão triste e orgulhoso ele se sentia de seu pai ter escolhido morrer nos seus braços.*

*As duas maiores provas de virilidade requeridas pelo meu pai: eu tirar notas altas na escola e não admitir que me discriminassem por ser judeu. Se alguém me chamasse de judeu, ou ofendesse meu Deus, eu tinha de reagir. Se me batessem, jamais poderia deixar de reagir. Tudo em nome de Deus... "Esse menino tem de aprender a se defender", dizia meu pai. Na primeira vez que cheguei em casa chorando – porque um menino tinha me pedido para brincar com minha bola e quando eu recusei ele me empurrou e me derrubou –, meu pai me deu uma surra. A única outra razão para ele ficar violento comigo era eu tirar notas baixas na escola.*

*Meu pai, apesar de poderoso, não tinha interesse em muitas áreas consideradas masculinas, a não ser no que dizia respeito a se exercitar sexualmente com inúmeras mulheres. Não praticava esportes, não dirigia automóvel, não se preocupava com a política. Minha mãe era muito mais aficionada por esportes, ela me encorajava a lutar boxe, jogar tênis e a me manter em forma. Eles não tinham um casamento feliz, mas ela era infeliz de um jeito bem tradicional. Por exemplo, meu pai não movia uma palha em casa – coisa da qual minha mãe se queixava –, mas dava-se ao direito de criticar a comida que ela fazia, a roupa que ela passava, o jeito como ela se pintava e, naturalmente, o jeito como me educava.*

*Nunca havia me ocorrido questionar ou refletir sobre minha masculinidade adulta até me casar. Eu vivia bem com ela. Nos anos 1980, era moda ser feminista e até alguns homens se declararam feministas. As mulheres feministas, como a minha, por exemplo, suspeitavam, com toda razão, dessas declarações. A verdade é que fingíamos.*

*Nenhum de nós pôde suportar a desgraça que foi as mulheres criarem uma agenda política na qual a sexualidade era o eixo. Nesses anos não havia publicações masculinas questionando suas posições diante de um assunto que antes era tabu. Os que tiveram de começar a pensar no assunto não o fizeram por livre e espontânea vontade, como eu. A minha mulher e algumas de suas amigas começaram a dizer que não queriam mais fingir orgasmos acrobáticos para deixar seus homens felizes. "Tanto quanto eu sempre soube, fingir orgasmos é o jeito feminino de reassegurar a masculinidade dos nossos homens", dizia minha mulher, irada. As mulheres estavam se dando conta de que, durante séculos, haviam sido o que os homens queriam que elas fossem, como fizera minha mãe, e estavam muito bravas com isso. Orgasmos não podiam ser tratados como sorrisos. Esse questionamento destruiu nossa autoestima, pelo menos a minha. Nenhum dos meus modelos masculinos havia me preparado para enfrentar isso. Eu passei a me sentir paranoico, duvidando da minha maior competência!!! A*

*competência de dar prazer a uma mulher. Foi duro e doloroso o impacto que isso causou sobre mim. Eu admirava minha mulher e comecei a me sentir deprimido e envergonhado diante dela. Senti-me obrigado a fazer o que meu pai fazia, começar a explorar minhas competências com outras mulheres. Ao mesmo tempo que, diferentemente dele, sentia-me culpado, já que, como bom filho dos anos 1960, eu acreditava nos direitos de cada um.*
*Não consegui ter uma resposta inteligente ou coerente para essa situação. Tinha muito a perder e estava muito assustado. Comecei a trepar fora de casa e ironizar o movimento feminista. Foi o colapso do meu casamento.*

No Brasil, a pílula anticoncepcional começou a ser comercializada em 1962, como parte de uma agenda das políticas internacionais voltadas para a redução da população humana. As mulheres das camadas médias foram as primeiras a aderir e abriram o mercado, que cresceu aceleradamente.

Os aspectos negativos da pílula ficavam por conta de seus efeitos colaterais e da forte interferência da Igreja católica na vida das mulheres. Regida por homens, a Igreja era – e é – bastante influente nas políticas públicas sobre o uso de métodos contraceptivos nas famílias católicas, que representavam grande parte da população brasileira. A interferência religiosa em questões íntimas femininas representa, até hoje, parte do arcabouço hegemônico masculino, como deixa evidente a interdição ao direito do aborto. Os sacerdotes exercem seu controle ao negar absolvição às mulheres diante da prática de determinados métodos contraceptivos. Esse acordo, porém, já se esfacelava, pois acima dele estavam não uma sensibilidade maior para a condição feminina, e sim interesses socioeconômicos que, naquela ocasião, acidentalmente conduziram a marcha que favoreceu as mulheres.

As políticas internacionais, o processo de urbanização, o estímulo ao consumo e os novos meios de comunicação proporcionaram um ambiente adequado à demanda feminina de controle da natalidade. E assim foi dado mais um grande passo no sentido do empoderamento das mulheres.

Quando o abalo à hegemonia masculina começou a se tornar público, reativou toda uma série de interpretações quase delirantes sobre a *demonização do feminino*. Um exemplo de publicação atual a esse respeito é o artigo do psicanalista Sérgio Telles, que trata o tema com humor:

> Recentemente, foi noticiado que no Zimbábue uma gangue de mulheres atua por todo o país sequestrando homens com o objetivo de lhes roubar o sêmen, que seria usado em rituais de magia [...] Foram detidas três mulheres acusadas de tal conduta criminosa. Após prestar declarações, elas foram soltas sob fiança e enfrentaram uma multidão enfurecida ao saírem da cadeia.
>
> Tais supostos acontecimentos evidenciam uma forte carga fantasiosa de teor sexual já ocorrida na Nigéria nos anos 70 e 80 do século passado e objeto de diferentes estudos [...]. Naquela ocasião, uma quantidade significativa de homens procurava as autoridades policiais com queixa de que seus pênis haviam sido roubados, bem como seus testículos. Diziam ter sentido subitamente algo estranho e que ao apalpar seus genitais percebiam que eles haviam desaparecido ou diminuído. Eles temiam que o resto fosse sugado para dentro do próprio corpo [como consequência de algum ato de magia].
>
> A epidemia do pênis roubado, que recebe o nome de Koro, tem aparecido em vários lugares, como Singapura [...], Tailândia [...], Índia [...] e China [...]. Lembramos que a síndrome do roubo do pênis era conhecida na Europa da Idade Média, constando do *Malleus Maleficarum*, o guia de instruções para o manejo com as bruxas, capazes de roubar a virilidade de um homem de várias formas, uma delas justamente fazendo desaparecer seu membro. O conteúdo do sintoma é universal. Enquanto na Nigéria os homens sentem que seu pênis foi roubado [...] os ocidentais pensam de forma obsedante no tamanho do seu.[88]

O relato, apesar de seus laivos de comicidade, é uma amostra dos fantasmas que ameaçam uma masculinidade construída sob a égide do falo.

# 19.
# O resgate da biologia

EXAMINADAS DO PONTO DE vista das teorias essencialistas[89], até pouco tempo as diferenças entre os sexos justificaram e perpetuaram a desigualdade, sendo apresentadas como fatores herdados, imutáveis e qualitativamente distintos, destinados a manter-se inalterados na sociedade. Eis a razão pela qual os movimentos feministas se mantiveram impermeáveis a essa biologia.

Hoje, conscientes de que diferença não é sinônimo de desigualdade, estamos aptos a dar um tiro de misericórdia nos essencialismos reducionistas, nas dicotomias e nos maniqueísmos. Consequentemente, não precisamos mais temer a inclusão da biologia em nossas reflexões. Até porque a biologia atual, muito distante da do passado, aposta no conhecimento transdisciplinar como única forma de acesso à compreensão do humano, e assim começa a ter dados importantes a nos oferecer.

A neurociência estuda interdisciplinarmente o sistema nervoso, repudiando o essencialismo e integrando química, linguística, filosofia, psicologia, ética e inúmeros outros campos para a compreensão do funcionamento da consciência, em sua integração entre mundo externo e interno. Desde a década de 1970, vem trazendo substancial contribuição para a produção de novos conhecimentos sobre as diferenças cerebrais, entre homens e mulheres, com base nos corpos biológicos, desconstruindo vários mitos a respeito. O desenvolvimento da genética e das novas tecnologias de imagem não invasivas, que permitem observar a dinâmica interna do cérebro em tempo real, hoje possibilita um imenso campo de pesquisa. Enquanto um sujeito está resolvendo um problema ou ouvindo um bebe chorar, é possível escanear e transformar em imagens os processos neuronais atuantes em seu cérebro naquele exato momento.

Novas pesquisas sobre diferenças anatômicas entre o cérebro do homem e o da mulher ampliam o conhecimento a respeito da influência vital que os hormônios masculinos e femininos têm sobre o cérebro, ao longo das diferentes fases da vida, e de como eles podem ou não influenciar os desejos, os humores e o comportamento dos indivíduos.[90] Para uma visão mais acurada das implicações das novas concepções da mente, é preciso sempre considerar as interações entre cérebro, corpo e experiências com o ambiente nos seus efeitos éticos sobre a subjetividade. O cuidado fica por conta de não naturalizar esse princípio ético, reduzindo-o a simples reações químicas.

Sou de uma geração em que as mulheres ainda eram consideradas o "sexo frágil", que se valia mais de seus instintos, com um tal sexto sentido aguçado, mas destituídas de real inteligência. Sexto sentido era uma coisa que ninguém sabia bem o que era, mas todos sabiam ser algo que os homens não tinham. Então, criou-se o senso comum de que, enquanto as mulheres tinham o sexto sentido, os homens tinham a inteligência. E a neurociência tem nos fornecido dados para a desconstrução desses mitos, que até recentemente atribuíam valores às diferenças entre os sexos. Foi pelo estudo da liberação dos hormônios e do dinamismo dos circuitos neuronais e seus neurotransmissores que essas crenças foram extintas.[91]

Os avanços da neurociência nos permitem saber, por exemplo, que, embora sejamos igualmente inteligentes, homens e mulheres têm certas "especialidades" e buscam atingir os mesmos objetivos utilizando circuitos cerebrais diferentes. O cérebro não é unissex.

Algumas áreas cerebrais podem ser maiores ou menores, como no caso da linguagem e da escuta. Nesses centros, segundo as pesquisas, as mulheres têm 11% mais neurônios que os homens. Enquanto isso, estes possuem duas vezes e meia mais espaço destinado ao desejo sexual, à ação e à agressão. Só esses dados já seriam suficientes para entender melhor as diferenças entre homens e mulheres diante de conflitos. Devemos ser cuidadosos, no entanto, para não escorregar no essencialismo, fazendo parecer que, em virtude da biologia, homens serão essencialmente agressivos e mulheres, sempre boas ouvintes. Até porque não temos meios, ainda, de saber se essas especialidades são "originais" ou se já refletem uma especialização provocada pela cultura. A dúvida se justifica porque se sabe, também, que certos caminhos neuronais tendem a se impor mais que outros, graças aos estímulos maiores à sua atividade.

O estudo da anatomia do cérebro masculino e de suas características hormonais indica que, além da testosterona, os homens têm circuitos especiais para detectar qualquer tipo de provocação ou desafio, o que os torna mais sensíveis a situações que lhes pareçam ameaçadoras. Louann Brizendine, estudiosa das diferenças cerebrais ligadas ao sexo, chama esse comportamento de "defenda seu território".[92]

Por outro lado, segundo ela, há indicações de que as mulheres têm mais habilidade para a comunicação e a percepção de diferenças emocionais – detalhe notável, testado desde o nascimento. Bebês do sexo feminino reconhecem rostos mais precocemente e são capazes de responder mais rápido – refletindo-os como um espelho – aos distintos humores da mãe, como se tivessem nascido com uma máquina de captar e decodificar emoções.

Chama a atenção dos pesquisadores como, com menos de 24 horas de vida, as meninas respondem aos choros de outros bebês, enquanto os meninos quase não mostram nenhuma reação. Brizendine chama isso de *capacidade empática*, enfatizando a presença de uma característica que marcará toda a vida das mulheres: a ênfase no desenvolvimento e na manutenção das conexões sociais. Já os meninos parecem apresentar menor sensibilidade às questões sociais e preferem dar ênfase ao exercício da própria autoridade, sem se preocupar com o risco de, com isso, gerar conflitos.

Ocorre que, ainda hoje, os pais estimulam os meninos a brincar de luta, usando brinquedos que sugerem ruído e velocidade, enquanto oferecem às filhas reforços para desenvolver seu comportamento social e verbal. É por meio da relação com bonecas ou bichos, com os quais mantêm uma atitude antropomórfica, que as meninas imitam o cuidado que recebem das mães. Vale considerar que ainda há inúmeras restrições na sociedade a respeito do estímulo para comportamentos mais ou menos adequados a cada sexo.

No que diz respeito aos hormônios e à sua influência sobre desejos, humores e interesses dos indivíduos, enquanto o cérebro feminino está "marinando" em estrógeno, o masculino se forma mergulhado em testosterona. Testes realizados em crianças de 4 anos com alterações hormonais provam que cérebros menos expostos à testosterona apresentam melhor qualidade de relacionamento social.

Assim, sabe-se que a natureza tem papel importante no desenvolvimento de comportamentos sexuados. Porém, a visão científica atual e consagrada é a de que nada acontece sem a interação com o ambiente. É sempre a experiência e a atribuição, pela cultura, de valores positivos e negativos que plasmarão os fenótipos individuais, tal como nos ensinou Margareth Mead. Quanto a isso, diz Brizendine: "Cada vez que se exerce um comportamento, nosso cérebro determina maior número de neurônios nessa atividade".[93]

É a expectativa dos adultos, influindo nos aspectos emocionais da criança, que desempenha, em relação ao comportamento sexuado, papel fundamental na configuração dos circuitos cerebrais. Se uma menina se mostra intimidada diante de situações de maior risco, os adultos podem aceitar seu comportamento sem grandes preconceitos. Se ela é ousada e sua mãe se mostra assustada, a criança imediatamente tenderá a retroceder e a pedir sua ajuda no futuro. As reações emotivas do adulto sobre o comportamento da criança não podem ser descartadas, tampouco minimizadas. Caso um menino se mostre intimidado, receberá imediata desaprovação e será estimulado a enfrentar a situação – assim como será sempre fortemente desestimulado a usar vestido, pintar o rosto ou brincar de boneca. Esse tipo de reação emocional espontânea já está introjetada na ideologia do adulto – que, muitas vezes, nem sequer tem controle sobre ela.

O neurocientista António Damásio acrescenta a importância da inter-relação entre razão e emoção ao já intrincado sistema de funcionamento mental. Baseando-se no estudo de pacientes com deficiências neurológicas, ele constatou, por exemplo, falhas na tomada de decisões intelectuais em lesionados com distúrbios da emoção.[94]

A respeito dos vários argumentos do senso comum sobre a incompatibilidade entre razão e emoção, Damásio afirma: "A emoção é parte do processo de raciocínio e pode auxiliar nesse processo em vez de, como se costumava supor, necessariamente perturbá-lo. Na verdade, em certas ocasiões a emoção pode ser um substituto da razão". Usando como exemplo o medo, o autor mostra como ele pode nos afastar do perigo sem que a razão sequer participe desse processo. Segundo ele, "o ser humano pode reagir a uma ameaça da mesma maneira que um pássaro ou um animal, enquanto pensar demais pode ser menos vantajoso do que não pensar absolutamente nada".[95]

O raciocínio, continua Damásio, evoluiu como extensão do sistema emocional, e a emoção continua influenciando o sistema de raciocínio, em ambos os sexos. Mas não como se imaginava, no sentido de que a emoção seria responsável por um mau raciocínio. Uma reação emocional adequada pode ser prejudicada ou moldada por processos racionais equivocados ou preconceituosos. Se, numa situação de perigo qualquer – como uma queda de bicicleta no meio da rua –, um sujeito está ansioso por auxílio e avista uma figura maltrapilha aproximando-se, ele se sentirá imediatamente aliviado, podendo, em seguida, ao avaliar racionalmente que a figura maltrapilha pode ser perigosa, não permitir que ela se aproxime, mesmo que seja para salvá-lo.

As influências do raciocínio sobre a emoção, ou da emoção sobre o raciocínio, estão sempre presentes e podem ser tanto vantajosas como nefastas, dependendo da história de vida de quem faz um julgamento. Nesse sentido, Damásio, assim como Freud, reforça a tessitura que mais distingue o humano: o entrelaçamento entre a natureza e a cultura, incluindo o ambiente, na constituição de cada sujeito ético. Os seres humanos são o resultado dessa trama, sendo ela a definidora de sua principal característica. Para o bem ou para o mal, o corpo só adquire sentido na interação com o social.

Com base nos estudos da neurociência, as dicotomias vão para o brejo. É tão impossível separar razão e emoção quanto mente e corpo. As doenças, por exemplo, são pensadas não mais como exclusivamente do corpo ou da alma, mas uma reação intrincada de elementos cuja origem é quase impossível de determinar.

Um século após o advento da psicanálise, a neurociência reforça alguns de seus conceitos, ratificando e ampliando, entre outras coisas, o conhecimento das neuroses por meio do estudo dos episódios neurais. Brizendine compara adquirir conhecimento com aprender a tocar piano. Cada vez que se repete um comportamento, o cérebro destina mais neurônios para aquela atividade, de forma que, no caso do piano, depois de algum treino, quando me sento no banco, tocar é algo "automático". Uma espécie de "segunda natureza". Essa descrição nos remete a uma tendência à repetição de comportamentos já identificada por Freud, em que tendemos a nos repetir, mesmo que não mais como lembrança, mas como ação. Sem perceber, podemos nos flagrar repetindo alguma coisa que aprendemos em outros tempos, mesmo que não tenha nada que ver com o contexto atual. Por exemplo, experiências precocemente instaladas e utilizadas diante de circunstâncias que nos remetem a uma faixa dolorosa do passado tendem a ser repetidas de forma "automática" cada vez que se revive a emoção remota ali contida. Apesar de comportamentos inadequados e ineficientes em relação ao contexto presente, alguma coisa nesse contexto deverá tê-los desencadeado. Por intermédio de um processo de ressignificação, como o trabalho analítico, novos modos de subjetivação podem promover a concepção de novas narrativas e de novos circuitos neuronais, enriquecendo o repertório original e estimulando a criação de respostas mais apropriadas às exigências da situação. Nossa singularidade reside na ampliação do número de respostas possíveis para uma mesma situação.

O filósofo e jornalista Hélio Schwartzman aborda esse tema de outra perspectiva. Ele usa a expressão "força do hábito" para referir-se aos "padrões de comportamento que correspondem a circuitos neurológicos específicos e sempre os mesmos".[96] Sempre que determinado gatilho – um padrão de hábito organizacional – aciona esse circuito, a resposta será a já constituída. Isso é o que, segundo o jornalista, os pesquisadores chamam de *rotina neurológica*.

Schwartzman continua: "Hábitos nos permitem executar uma miríade de atividades intimamente associadas ao nosso bem-estar [...] mas também estão ligados às dependências de drogas e outros comportamentos destrutivos".

Nosso cérebro encerra vieses que nos colocam em encrencas das quais temos enorme dificuldade de nos safar. Aposto que todos vivemos essas experiências, e cada um saberá do que estou falando. Refiro-me a questões relacionadas à força da repetição de respostas, inconscientes ou incontroláveis, como uma tentativa de não abandonar o que Hélio chama de "zonas de conforto"

– que a rigor, não têm nada de confortáveis. A respeito, Schwartzmann nos fornece um exemplo interessante:

> Foi na cobertura da Guerra do Iraque que Duhigg se interessou pela força do hábito. No início da ocupação, o país era castigado por episódios quase diários de manifestações violentas. No entanto, uma pequena cidade chamada Kufa fugia à regra. Um major do exército americano, examinando vídeos de protestos que levavam a manifestações violentas, notou que havia um padrão de hábito organizacional nesses eventos. Os manifestantes começavam a se juntar nas praças, atraíam a atenção dos passantes e estes, por curiosidade, engrossavam a multidão. Então apareciam os vendedores de comida. As pessoas se detinham para comer. Alguém gritava um slogan antiamericano, jogava uma pedra e o pandemônio começava. Baseado nesse padrão, o major mandou retirar da praça os vendedores de comida, rompendo assim com um ciclo de reações do tipo "gatilho". As pessoas com fome retiravam-se rapidamente, indo para casa, e a rotina de violência era frustrada.

A simplicidade da solução encontrada pelo major lembra a metáfora do ovo de Colombo, que também confirma a tendência de nosso cérebro de buscar respostas nas experiências tradicionais, dificultando uma solução nova para problemas simples. Quando Colombo desafiou os homens de seu círculo a pôr um ovo de pé, todos se confundiram. Colombo quebrou a ponta do ovo e o pôs de pé, surpreendendo a todos.

Quando reveladas, as soluções parecem óbvias e simples, o que confirma a tese sobre o funcionamento da consciência, que, por "força do hábito", insiste em buscar num repertório antigo respostas para situações novas. Enquanto cometermos esse equívoco, teremos de nos conformar com o fracasso das nossas empreitadas. Na tentativa de resolver problemas, é preciso um novo olhar, tanto para identificar como para desconstruir práticas repetitivas. E esse é o nosso caso.

Nosso cérebro tende a sempre buscar respostas nas experiências tradicionais e rotineiras, as quais, quando reveladas, parecem óbvias e simples. Isso confirma a tese sobre o funcionamento da consciência, que, por "força do hábito", insiste em buscar num repertório antigo respostas para situações novas. Enquanto cometermos esse equívoco, teremos de nos conformar com o fracasso das nossas empreitadas. Na tentativa de resolver problemas, é preciso um novo olhar, tanto para identificar como para desconstruir práticas repetitivas.

Esse é um tipo de conhecimento que corrobora com a tese de que com base em novas narrativas pode-se ressignificar convicções, gerando a possibilidade de novas alternâncias de conduta.

# 20.
# Abandonando zonas de conforto

PARECE-ME PRIMORDIAL ABORDAR AQUI um fenômeno que já vem ocorrendo com certos grupos sociais no que diz respeito à sexualidade, e que vem causando tanto entusiasmo quanto terror, nas diferentes tribos de nossa cultura. Refere-se ao desmantelamento das armaduras que nos mantiveram imobilizados diante de um imaginário criado e mantido pelo discurso patriarcal com o título de "sexualidade normal". Com o desfazer-se lento mas sistemático desse verdadeiro fantasma, em breve nossa discussão aqui talvez nem tenha mais sentido.

Diante da pergunta a respeito de como se constituíram e se fixaram os discursos fantasmagóricos a respeito da sexualidade humana, a resposta é mais ou menos óbvia. Tal como as demais práticas sociais, os discursos sobre a sexualidade que governam e governaram nosso processo de subjetivação foram assunto de Estado. As mesmas classes dominantes responsáveis por definir o que é certo e o que é errado, digno ou indigno, são, em cada época ou lugar, aquelas que nos dizem como e com quem devemos transar. São elas que buscam organizar a sociedade de forma a poder exercer um controle maior sobre ela. Quando o então diretor do FMI Dominique Strauss-Kahn viu sua carreira desmoronar devido ao seu apetite sexual incontrolável, ele teria se defendido com a tese de que não era ele o doente, e sim a sociedade, que queria *colocá-lo numa vala comum a todos os outros homens.*

Inquietações acerca da sexualidade mereceram atenção desde a Antiguidade, levando à formulação de preceitos e regras morais. Tudo faz supor que, desde que se tornaram capazes de problematizar-se, os seres humanos passaram a examinar suas práticas sexuais em torno de um crivo moral definidor do permitido e do proibido.

Nos últimos 2 mil anos, desde o surgimento do cristianismo, foram os seus paradigmas, sustentados pela ciência, os responsáveis pelas suas regras. Tudo sob a égide do maior regulador de conhecimento: a moral. Tendo como suporte mitos e tabus, essas instituições exerceram profundo controle sobre a sociedade, traçando um imaginário que, apoiado na palavra de Deus, sustentou e ainda busca sustentar suas ideologias. Suas normas atuam como fenômenos psíquicos capazes de governar o processo coletivo de subjetivação, determinando o que pode ou não pode ser praticado – e com quem.

Em nossa cultura, a regulamentação do sexo pela definição de suas categorias identitárias, masculina e feminina, cria um discurso que obriga os sujeitos a se encaixar absolutamente em uma delas. Mesmo que muito mais presentes, as manifestações de outra ordem em relação a esses padrões introjetados soam como terrível ameaça aos referenciais que nos fizeram acreditar que elas fossem "naturais".

Aquilo que entendemos como sexualidade "normal" e "natural" define as escolhas que, solidamente apoiadas nas categorias de certo/errado, bom/mau, limpo/sujo, estabeleceram a existência de dois tipos de sujeitos sexuais: os hétero e os homossexuais.

Quando a prática sexual entre um homem e uma mulher, os únicos responsáveis pela procriação, é condenada a opor-se aos seus destinos pulsionais, que destino poderia estar reservado a uma relação entre duas pessoas do mesmo sexo, unidas apenas e simplesmente pelo prazer?

Diante desse cenário, impossível não imaginar que a homossexualidade fosse considerada algo absolutamente impensável e insuportável. O repúdio social a tudo que ela representa no imaginário da cultura foi tão incomensurável quanto o repúdio ao incesto, o que levou a sociedade a estabelecer uma série de proibições e regras especificamente voltadas para sua repressão.

Parece difícil afirmar que a heterossexualidade seja uma inclinação natural, se considerarmos que toda a construção das identidades de gênero se organiza em torno da forte repressão de qualquer manifestação homossexual – que é tratada como um tipo de depravação. Foi Freud[97] quem primeiro divorciou a sexualidade dos órgãos genitais, o que lhe permitiu sustentar que a homossexualidade é uma orientação sexual tão legítima quanto a heterossexualidade. A menos que a finalidade seja a procriação, a escolha do objeto de prazer é livre de restrições em suas manifestações. Em *Três ensaios sobre a teoria da sexualidade*, ele afirmava que, no ser humano, a pulsão sexual não tem objeto fixo, isto é, não está atrelada ao instinto, como nos animais. O prazer é sua finalidade principal. A reprodução, uma meta secundária.

> A psicanálise considera que a escolha de um objeto, independentemente de seu sexo – que recai igualmente em objetos femininos e masculinos –, tal como ocorre na infância, nos estágios primitivos da sociedade e nos primeiros períodos da história, é a base original da qual, como consequência da restrição num ou noutro sentido, se desenvolvem tanto os tipos normais quanto os invertidos.[98]

Porém, os chamados "critérios de normalidade", dogmatizados pelos grupos de poder, impuseram à sexualidade uma submissão às convenções culturais, com o argumento de que seriam "naturais" do humano. E se naturais do humano, também imutáveis. O sofrimento gerado por esses dogmas é incomensurável. É comum receber pacientes homossexuais que relatam ter perseguido gays, apenas para reafirmar sua identidade masculina – comportamento mais comum do que se imagina por parte daqueles que não estão seguros de sua masculinidade.

Pessoas tais como Laerte, que aos 53 anos decidiu-se por assumir uma *persona* feminina, comentando sua experiência pessoal como transgênero (que é como ela se qualifica), salienta esse tipo de experiência.

*Eu sempre explorei a masculinidade de forma "desplugada". Ao mesmo tempo, era fascinada por heróis másculos. O feminino era chato. Nos filmes eu achava um saco. Eu gostava de ver homem na tela. Eu ficava entediada quando a mocinha aparecia e se pendurava neles. Nunca tive tesão pelas meninas, eu não entendia por que os meninos se entregavam tanto para o jogo dos gêneros. Quando surgiu a puberdade eu tinha de começar a olhar pras meninas que eram da minha turma e meus amigos estavam mexendo com os peitinhos delas. Eu tinha mais inveja delas do que vontade de mexer nelas. Eu não queria transar com uma mulher, eu queria ser essa mulher. Quando começaram os jogos sexuais eu fiquei muito ressentida. Eu perdi meus amigos. Durante muito tempo eu tinha uma ligação platônica com as meninas. Comecei minha vida sexual com um amigo aos 17 anos. Nesta primeira relação eu falei pra ele que eu queria ser mulher, mas ele me disse que não, que não queria que eu fosse uma mulher! Aí entrei em pânico. Fiquei em pânico de ter de me ver como homossexual e isso aí eu não ia conseguir aceitar. Aí então eu pulei fora.*

*Convenci-me de que ser gay tinha sido uma espécie de fase do passado na minha vida, mas eu continuava não achando graça nas meninas e acompanhava meus primos quando eles tiravam sarro de meninos que eles chamavam de "mariquinhas". Eu fazia um enorme esforço pra me comportar como homem. Tentei ser um homem modelo copiando o que eu via. Cheguei a ser assediador. Eu tentei muitas vezes ser um homem padrão. Inclusive homofóbico. O fato de ser recebido como "parte da turma" me aliviava muito e dava prazer.*

*Independentemente de gostar ou não, eu tinha de fazer isto: assediar as mulheres. Mas, no meu desenho, meus personagens masculinos sempre se travestiam de forma farsesca.*

*Hoje eu gostaria de ser vista como mulher. A minha maior dificuldade não foi com a sociedade, foi comigo mesma. Hoje faço parte dos movimentos trans. A luta pelo feminismo ajudou muito os sujeitos voltados para a transexualidade.*

Se existe algum vínculo entre a homossexualidade e a saúde mental, como quiseram durante longo período os especialistas em saúde, ele reside única e exclusivamente na forma como a sociedade repudia essa relação entre pessoas de mesmo sexo. Aliás, não existe alguém homossexual, assim como não existe alguém bissexual ou heterossexual. Também não existem seres castrados ou não castrados. O que existem são pulsões que manifestam suas preferências sexuais e suas diferentes formas de expressão. E mais: é tão somente o discurso hegemônico dominante que determina que expressão a pulsão sexual deve ter em relação aos diferentes corpos.

Ao longo da história da humanidade, a homossexualidade foi aceita ou condenada de acordo com a cultura da ordem social vigente. Já foi interpretada como crime e transtorno mental, e homossexuais foram perseguidos em várias partes do mundo. No Brasil, os povos indígenas a praticavam sem restrição, até que as caravelas portuguesas e os padres jesuítas aqui aportaram.

Na modernidade, até 1984, a homossexualidade viveu seus anos mais tenebrosos, sob o rótulo de "desvio sexual". Foi nesse ano que a Associação Brasileira de Psiquiatria, seguida pelo Conselho Federal de Psicologia, posicionou-se contra sua discriminação. Em 1990, a Assembleia-Geral da Organização das Nações Unidas retirou a homossexualidade de sua lista de doenças mentais, e no Brasil foi apenas em 2011 que o Supremo Tribunal Federal reconheceu a união estável entre casais do mesmo sexo. Hoje, finalmente, um movimento de contestação relativo ao exercício livre da sexualidade tem se expandido a fim de comportar as mais variadas manifestações. O movimento LGBTI é prova disso.

Enormes têm sido os esforços pela emancipação desses grupos, que, para ganhar força política, se aliaram aos movimentos de emancipação das mulheres. Desde a "revolução sexual" da década de 1960, mulheres e gays têm sido parceiros na discussão sobre seu papel social e seus direitos civis.

O homossexual ainda é discriminado em todos os campos da sociedade brasileira: na legislação, na religião, nas escolas e na própria linguagem. Os chavões, os xingamentos e as "piadinhas" contribuem para manter o preconceito. A humilhação, a vergonha e até a violência continuam sendo excelentes opressores, opondo-se a que um homem gay sinta-se digno.

Hoje, mesmo que não haja mais tanto interesse na profecia do "Crescei e multiplicai-vos", que nem seja necessária a relação sexual entre um homem e uma mulher para gerar uma criança, ainda é constrangedor constatar quanto do sofrimento masculino advém do fantasma que cerca a obrigação de se enquadrar em um modelo de gênero para ser reconhecido no mundo social.

É evidente que o movimento gay entre as mulheres sofre, de longe, muito menos pressão do que o dos homens. Isso porque os homens são os maiores responsáveis pela manutenção da discriminação em relação aos seus iguais. Vide a bancada cristã, dividida entre evangélicos e católicos, do Congresso Nacional e suas tentativas de legislar sobre a educação sexual nas escolas e até mesmo sobre o direito ao aborto.

Episódios de homofobia e transfobia são absolutamente comuns no Brasil. Segundo o Ministério dos Direitos Humanos, em 2016 foram feitas 1.876 denúncias de violência praticada contra LGBTs. Os casos mais comuns são os de violência física, lesão corporal e maus-tratos, seguidos de homicídios. De acordo com a ONG Grupo Gay da Bahia (GGB), até setembro de 2017 foram assassinados 277 indivíduos LGBT, mais de um por dia.[99]

No entanto, a mudança de discurso ganha mais força a cada dia, expandindo a noção de gênero e ampliando o leque de identidades sexuais. Cada dia se tornam mais obsoletos os limites biunívocos, confirmando uma diversidade sexual que vai muito além dos órgãos sexuais. Essa nova realidade, mais favorável à diversidade sexual e às organizações familiares alternativas, nos obriga a rever o modelo clássico e a exigir a despatologização do diagnóstico de Transtorno de Identidade de Gênero (TIG).[100]

É abandonando as zonas de conforto que caminha a humanidade. E com isso, pouco a pouco vão se afrouxando os limites do patriarcado.

Movimentos chamados de *contracultura* podem até escapar ao nosso olhar, mas, uma vez desencadeados, não param de crescer. Tal como aconteceu nas décadas de 1950 e 1960 com o movimento hippie e o engajamento político da juventude, os movimentos de contracultura não são planejados: ocorrem espontaneamente, sendo consequência de uma marcha de origem difícil de determinar.

Caminhamos no sentido de romper velhos tabus e assumir a desconstrução de símbolos ainda vigentes associados à questão de gênero.

Gays e transgêneros, como Laerte, tendem a assumir sua sexualidade cada dia mais abertamente. Admite-se, em grupos de profissionais da área, a readequação de sexo em crianças e adolescentes que não se identificam com sua identidade biológica. O termo *transgênero* engloba todas as identidades *trans*, como transexuais e travestis. Não se trata de uma doença nem de uma escolha aleatória, mas pode, dependendo da reação do grupo social, desencadear quadros de depressão e levar até ao suicídio dos indivíduos.

Em alguns países, como nos Estados Unidos, no entanto, já há uma geração chegando à maioridade com novas concepções sobre gênero e sexualidade. É como que um movimento de "emancipação das identidades sexuais" que vem sendo apoiado por grupos institucionais como as próprias universidades.

Mesmo que o tabu da homossexualidade, tal como a exaltação do falo, ainda se encontre muito ativo no discurso da consciência coletiva, principalmente quando se trata de educar meninos e prepará-los para a sociedade em que vivem, consideremos que grandes mudanças estão ocorrendo.

O especialista em cultura pop Michael Shulman[101] apresenta uma nova geração que ele chama de pós-gay. Michael criou o registro de uma nova sigla que já tem até espaço oficial em algumas universidades americanas: LGBTQIA, que engloba ainda o Q de *queer*, I de intersexos e o A de assexuado.[102]

"Quando você vê siglas como LGBTQIA, é porque as pessoas enxergam tudo que não se enquadra no binômio (homem-mulher) e exigem que seja criado um nome para cada coisa", comenta Jack Halberstam, antes Judith Halberstam, ele próprio um transgênero, professor da Universidade do Sul da Califórnia e autor do livro *Gaga feminism: sex, gender and the end of normal*.[103]

Essa é, sem dúvida, uma marcha sem retorno.

Mas, afinal, onde está mesmo o certo e o errado?

# 21.
## Delírios, ideologias e desejos

DESDE QUE O PENSAMENTO contemporâneo questionou o culto à verdade e à previsibilidade da ciência e incorporou as variantes do funcionamento psíquico e da subjetividade, ficou cada vez mais difícil nos apoiar em sistemas universais. Sistemas que se pretendiam eternos e nos proporcionavam sentimentos de segurança e poder, mediante conceitos como "verdade", "razão" e "objetividade", entraram em colapso.

Eis por que muitos definem a época em que vivemos como a *era das incertezas*. Se o ser humano é capaz de se envolver com crenças ideológicas e outras até delirantes para a satisfação de seus desejos, o pensamento binário sobre o qual nossa mente gostava de se sustentar foi altamente danificado. Está provado que o que vivemos como real ingressa no aparato psíquico já submerso no imaginário, onde produzirá efeitos subjetivos carregados pelas mudanças históricas e sociais com as quais convivemos.

Hoje devemos pensar numa espécie de *ficção consensual* para designar um conhecimento que, apesar de reconhecidamente transitório, é preponderante em determinado momento histórico e social. Quando a "verdade" deixa de ser padrão de objetividade, nossa fragilidade se impõe, gerando a angústia decorrente do sentimento de ameaça à identidade psíquica, tão própria da incerteza.

Citando Orwell, Foucault, Godelier e Pitigrilli, entre outros, tenho tomado o cuidado, desde o início deste livro, de chamar a atenção de meu leitor para o relativismo das "verdades". Essa compreensão mais fugidia da realidade nos fragiliza diante de sugestões e influências partilhadas pelo discurso social – e, se de um lado nos deixa mais expostos às verdades dos outros, de outro nos libera para questioná-las.

Em inúmeros aspectos tendemos, de forma inquietante, muito mais a uma espécie de subordinação ao discurso social do que à própria individualidade. Dada a enorme importância que o reconhecimento e a aprovação social têm para nós, é fácil entender esse fenômeno. Assim também, não temos muita certeza sobre como são feitas nossas escolhas. Não existe uma maneira de diferenciar em nossa mente a memória da experiência vivida daquela aprendida ou compartilhada com muitas outras mentes. Essa afirmação é assustadora. Somemos a isso nossa tendência ao *engajamento* nas estruturas de dominação político-sociais e teremos uma noção de como o domínio instrumental que o social sempre exerceu sobre nós dispensa qualquer outra forma explícita de dominação.

Chamo a atenção, porém, para como, entre as várias formas de comunicar a ideologia vigente, alguns discursos, que nem têm, necessariamente, status de verdade, têm funcionado como eficientes agentes constitutivos da subjetividade. Como certos símbolos, como o do falo, por exemplo, nos pareceu absolutamente pertinente durante tantos séculos, no discurso que marcou a organização do nosso modelo social, com consequências na desigualdade entre os sexos. Como narrativas às vezes infantis, aparentemente ingênuas, tais como contos de fada, fábulas e mitos, são primordiais na organização do conhecimento, das práticas sociais e, portanto, no destino da humanidade.

Os contos de fada, por exemplo, são narrativas populares curtas e orais relacionadas aos acontecimentos da cultura ocidental europeia do século XVI. Foram criadas por adultos e para adultos, em um tempo no qual a categoria "criança" nem sequer existia. Carregadas de requintes de crueldade e erotismo, expunham cruamente os conflitos existentes nas relações interpessoais e eram impregnadas de padrões de gênero.

No século XVIII, com a ascensão da burguesia, o surgimento da família nuclear e a valorização da infância, tal como as conhecemos hoje, os contos de fada foram adaptados à cultura da época e publicados como leitura para crianças. O erotismo e a crueldade, tão comuns nos relatos originais, ganharam o colorido do ideário infantil, carregado de donzelas, heróis e bruxas. Tais narrativas apresentam um esboço simples, sensível e de fácil compreensão da sociedade e dos conflitos pessoais e interpessoais que marcam a condição humana. Ajudam as crianças a entender, por meio de histórias ficcionais, suas tensões interiores e dificuldades mais prementes.[104] Com sua fórmula mágica, os contos de fada indicam os comportamentos apropriados a cada sexo e seus conflitos, facilitando a elaboração de sentimentos incompreensíveis para seus pequenos consumidores, como a angústia, a inveja, o medo, a raiva, a dor e a coragem. De forma romantizada, introduzem temas como a diferença entre os sexos e sua importância, partindo da referência fálica, e o princípio da hegemonia masculina.

As grandes contradições morais e de gênero, com sua visão maniqueísta (o bem e o mal, o homem e a mulher etc.), e seus aspectos mais pungentes são encobertos por esse caráter de encanto e magia, sendo facilmente absorvidos e introjetados na psique infantil. Por isso mesmo, os contos de fada têm exercido, por gerações, enorme influência em nosso processo de subjetivação.

Nos contos tradicionais, os protagonistas masculinos são sempre jovens heróis munidos de força, coragem e ousadia, usadas para salvaguardar frágeis donzelas, ameaçadas por alguma força do mal. São os homens que lutam pela conquista de uma vida amorosa com sua amada, a qual, sempre recatada e tímida, depende de sua presença não apenas para sobreviver como para ser iniciada nos mistérios do amor. Lembram-se d'A Bela Adormecida? D'A Branca de Neve? De Cinderela?

Para resgatá-las, os jovens heróis precisam superar obstáculos e desafios, tal como nos rituais iniciáticos, lutando contra monstros, guerreando contra inimigos, atravessando cercas de espinhos etc. Nesse sentido, sua tarefa é favorecer a constituição da jovem donzela como sujeito de alteridade.[105]

É interessante notar que, se a figura do pai é a responsável pelo triângulo amoroso que induz à separação de filho e mãe, nos contos de fada e em alguns mitos é a figura simbólica do príncipe, como princípio masculino ativo, que, insinuando-se na relação mãe-filha, desempenha essa função, como se ele fosse o único capaz de permitir à mulher o rompimento do vínculo de dependência com a mãe.

Chamo novamente a atenção para o fato de que, assim como toda produção simbólica, os contos de fada estão submetidos a uma ordem rígida que não admite elementos supérfluos. Nada é explicado, tudo está contido em algumas imagens: bruxas, donzelas, príncipes e beijos. Personagens românticos servem de inspiração até mesmo para o ideário contemporâneo, influenciando homens e mulheres da nossa cultura. Eu diria, sem medo de errar, que no imaginário feminino, apesar de toda a luta pela independência da mulher, o desejo romântico de ser *resgatada* e vir a realizar-se por intermédio de uma figura masculina ainda se encontra ativo.[106] E me atreveria a acrescentar que os homens conservam a expectativa oculta de satisfazer esse desejo. Felizmente, novas histórias e novos heróis infantis provocando novos debates vêm sendo produzidos e transmitidos por meio do cinema e da televisão.

Já os mitos são distintos dos contos de fada. Datam de períodos mais antigos da civilização, não pretendem oferecer "finais felizes" aos personagens e têm caráter mais sagrado do que profano. São apresentados como verdades universais, impregnadas desse poder do sagrado que marca profundamente a produção da subjetividade em relação aos ideais e valores sociais de determinado grupo. É em torno deles que venho construindo nossa discussão, já que é neles que podemos identificar os sistemas de valores e as ideologias que, sustentando o discurso social, dão amparo ao imaginário coletivo.

A linguagem mítica corresponde ao universo cognitivo mais antigo na história da humanidade. Sua narrativa representa a busca de sentido pela atribuição de significados aos mistérios universais e à origem da humanidade. Num esforço de conferir ordem ao caos que o desconhecido representa, propicia um ponto de partida que permite compreender e balizar ideais, atribuindo significado às questões sensíveis e existenciais que ultrapassam a razão e que os seres humanos, desde sempre, tiveram de enfrentar.

Quando Freud diz que "a psicologia individual [...] é, ao mesmo tempo, também psicologia social"[107], sua intenção é mostrar que o mito individual não existe fora do contexto do mito coletivo.

Para o estudioso de mitologias e religião comparada Joseph Campbell, a mitologia revela aquilo que os seres humanos têm em comum. "Os mitos são os sonhos da humanidade"[108], afirma, querendo dizer que o mito tem o mesmo estatuto da realidade psíquica, fornecendo elementos que dão sentido tanto ao mundo visível como ao fantasmático, plasmando as noções éticas e morais de uma cultura.

As histórias míticas buscam expressar a trama da subjetividade por meio de metáforas projetadas no âmbito cultural. Reitero que devemos pensar nelas como pistas para compreendermos como as ideologias criadas e utilizadas em dado momento histórico da produção de subjetividades são perpetuadas.

Componentes de um quadro cognitivo que reflete e determina a cultura, os mitos têm servido de inspiração para inúmeras reflexões antropológicas. Tanto Freud e Jung como Lévi-Strauss encontraram no paradigma mítico um ideal de referência cognitiva, responsável pelo capital simbólico da nossa cultura, identificável tanto na clínica como no cotidiano das pessoas. Para

Freud, a mitologia grega representa um grande celeiro, no qual podemos buscar paradigmas para descrições teóricas e material indispensável na formação de psicanalistas. Do ponto de vista do gênero, heróis e heroínas são personagens que trazem à luz os mecanismos misteriosos da psique como veremos na relação simbólica entre sua saga e o desenvolvimento do ego.

O mito de Deméter, deusa da agricultura, e de sua filha Perséfone, por exemplo, apesar de voltado para os mistérios da terra e as estações do ano, desenvolve paralelamente todo um argumento a respeito de sexualidade e gênero.

*Deméter, deusa do grão e da colheita, que cuida de cobrir a terra de verduras, flores e frutas, estava feliz junto de sua filha Perséfone enquanto esta colhia flores e brincava com as ninfas no campo de Nísia. Quando Perséfone se afasta de suas companheiras para colher um botão que floria na beira de um penhasco, repentinamente a terra se abre e surge de suas profundezas Hades, o deus da morte e do mundo subterrâneo. Apesar dos gritos de Perséfone, ele a rapta em seu carro, puxado por "imortais cavalos", levando-a para seu reino nas profundezas da terra. Durante nove dias e nove noites sem comer ou se banhar, Deméter procura sua filha. Na aurora do décimo dia, Hécate vem ao seu encontro e aconselha-a a consultar Hélio, o deus Sol, que tudo vê no seu curso pelo céu. O deus resplandecente conta-lhe o que ocorrera: Zeus, o rei dos deuses do Olimpo, dera Perséfone a Hades para que a fizesse sua esposa e rainha no mundo dos mortos. Deméter, desfigurada pela dor, dirige-se ao mundo dos mortais. Sua dor cresce e seu luto começa a trazer consequências para a terra. A deusa, revoltada, lança uma maldição: determina a infertilidade do solo e a morte do gado. Naquele ano nenhuma semente brotou. A humanidade teria perecido de fome e os deuses teriam sido privados das oferendas humanas para sempre, se Zeus não tivesse percebido o perigo e enviado a deusa Íris e outros deuses para suplicarem a Deméter que devolvesse a fertilidade aos campos dos mortais. Deméter, inabalável em seu desejo de vingança contra Zeus, recusa-se a atendê-los e declara que as sementes só brotarão quando Perséfone lhe for devolvida. Finalmente Zeus envia Hermes ao Hades para pedir ao deus do mundo subterrâneo que concorde em ceder sua mulher à "sogra", para com isso evitar o fim da humanidade. Hades permite então que Perséfone venha visitar a mãe durante seis meses a cada ano, passando o resto do tempo em seu reino. Quando a filha chega, Deméter, cheia de alegria, enche a terra de flores e frutos e começa a primavera. Quando a filha parte para a companhia do esposo, Deméter se entristece e tudo volta a morrer na terra. Começa o inverno. E todos os anos, até os dias de hoje, Deméter celebra seu encontro com a filha e lamenta sua despedida.*[109]

Aqui, na linguagem do mito, é relatada a trajetória do feminino no patriarcado. Ele reproduz o apego entre mãe e filha, reflexo de uma forte identificação entre ambas, e a dependência da figura do príncipe para facilitar a mudança do objeto da pulsão do feminino para o masculino. Somente depois de ser raptada Perséfone consegue romper com a pulsão objetal original (mãe) e eleger um novo objeto de amor (Hades) – que funciona, como nos contos de fada, como facilitador da condição cognitiva da donzela e de sua constituição como sujeito de alteridade.[110]

Nos mitos que tratam da questão da construção da masculinidade, tal sucessão se dá pelo esforço de rompimento com o ciclo infantil da vida, experiência denominada por Freud *triângulo edípico*. Construído sobre o mito de Édipo, trata-se de um processo que ocorre pelo distanciamento da figura da mãe e pela identificação com o pai, com grande sofrimento existencial por parte dos meninos. No caso das meninas, essa separação parece funcionar com muito menos sofrimento, já que ele é mais tardio e ocorre com o despertar de um amor pelo príncipe/herói, sem tanta ameaça e angústia. É muito mais suave a dinâmica que prepara a jovem para ultrapassar os limites do amor infantil em direção ao amor adulto. Aqui, a pujança e a ousadia de um personagem masculino operam como ponto de equidistância e equilíbrio entre a juventude e a vida adulta, demarcada pelo exercício pleno da sexualidade.

Na trama do destino da mulher, assim como na do homem, é primordial, segundo os valores que regem o falo como organizador social, que nos afastemos de nossas mães para assumirmos uma identidade. Mas o maior sacrifício, conforme relatado no mito edípico, com todas suas nuanças de ameaça e horror, será dos homens.

## 22.
## A prevalência do falo

E QUAL SERÁ O destino reservado a esses mitos que subjazem à nossa cultura? Pergunto-me o que será deles diante do processo de mudanças que, para o bem ou para o mal, estamos atravessando. Inúmeros são os autores para os quais esse universo atemporal de símbolos estaria, hoje, em colapso. Não concordo com essa hipótese porque não acredito, tal como Campbell[111], que a humanidade tenha "chegado à idade adulta" do ponto de vista de sua subjetividade. De um lado acho que isso não existe e de outro imagino com Barthes que nossa vida cotidiana se nutre de mitos.[112] "Mitos nos definem, definem nossos desejos e nossas aspirações, de tal maneira que, caso não existam, acabamos por criá-los".

Mesmo que eles ganhem novas formas de expressão, que novos heróis se apresentem, o mito estará lá, constituindo uma maneira de nos inserir na saga da humanidade. Por enquanto, nossos mitos de origem continuam ativos. Longe de mim rejeitá-los ou pretender negá-los. Meu empenho está em torná-los, por meio da ressignificação de seus conteúdos, congruentes com as dinâmicas psíquicas vigentes.

Mitos são como sonhos. Se sonhos guardam uma relação de total dependência com o sonhador, os mitos têm uma relação de dependência com o momento histórico e político em que surgiram. Seus significados devem ser transitórios, logo mutáveis, pois convivemos com diferentes ordens simbólicas que não imputamos definitivas, mas que sobrevivem apenas enquanto são consensuais. Portanto, devemos proceder sua leitura sempre à luz da provisoriedade dos significados.

Como todos sabemos, Freud inspirou-se no mito de Édipo para ilustrar o momento crucial da constituição do sujeito masculino como um paradigma da alteridade. A tarefa de explicar, de maneira resumida, esse momento crucial para a psicanálise, o da formação do sujeito e sua inserção na cultura, é penosa. A linguagem é muito mais metafórica do que lógica.

**O MITO**

Édipo, por não conhecer seus pais, está à procura de respostas para seu maior enigma, aquele que, simbolicamente, representa o enigma de cada um de nós, humanos, e rege nossa vida: o enigma a respeito de sua origem.

Abandonado ao nascer e criado por um pastor, Édipo não conhecia seus pais e estava à procura deles. Ao chegar a Tebas, encontra a Esfinge na entrada da cidade. A Esfinge, figura mítica com corpo de leão e cabeça humana, vinha apavorando os tebanos porque propunha um enigma às pessoas e devorava quem não soubesse a resposta. *Que criatura pela manhã tem quatro pés, ao meio-dia tem dois, e à tarde tem três?* Édipo tinha a inteligência a seu favor e conseguiu decifrar o enigma:

"O homem", respondeu.

Assim foi que Édipo tornou-se o herói que salvou Tebas da maldição da Esfinge, e por isso foi consagrado como rei e recebeu Jocasta, a rainha viúva, como esposa.[113]

Entretanto, Édipo, durante sua viagem a Tebas, havia tido uma desavença com um homem no caminho e o matara. Esse homem era Laio, rei de Tebas e seu pai, a quem ele não conhecia. Portanto, mesmo que ingenuamente, ao casar-se com Jocasta e gerar quatro filhos com ela, Édipo, que já praticara o *parricídio*, desafiava agora o *tabu do incesto*. Uma rigorosa apuração sobre a morte de Laio foi providenciada pelo próprio Édipo. Uma apuração que acabou por apontá-lo como o assassino, revelando-lhe a Verdade[114] a respeito de si mesmo: sua situação de parricida e incestuoso revelou seu desejo oculto. Diante dessa revelação, Édipo foi levado ao desespero. Furou seus próprios olhos e partiu para o desterro.

**SUA INTERPRETAÇÃO**

A criança vive com a mãe uma relação paradisíaca na qual uma não se destaca da outra. A intrusão do pai[115] nesse cenário rompe a simbiose e gera a condição cognitiva, pois a criança, que pensava ser "una" com a mãe, se vê obrigada a olhar para fora desse mundo e levar em conta a intimidade entre mãe e pai, constatando que ela não apenas não é a única como é a terceira numa relação que antecede sua existência. Trata-se de uma experiência dolorosa, que a coloca diante de uma condição de solidão e incompletude: o objeto desejado já não lhe pertence.

Até então, as experiências dos meninos não seriam diferente das meninas. Porém, conforme já dito, o agravante para eles é ter de se afastar da mãe muito precocemente, além de ter de resolver seu conflito com a figura forte e poderosa do pai, como seu rival.

Esse conjunto de acontecimentos, ao qual todo menino está submetido, segundo uma leitura psicanalítica, será o responsável por introduzi-lo no processo civilizatório, graças à introjeção de uma nova instância, que será chamada de superego e que corresponderá à Lei do Pai. O superego, moldado pela cultura, substitui o pai pessoal e funciona como um censor do ego, adaptando seus desejos aos limites da cultura. Ele irá lhe impor o afastamento não só da mãe, mas de seu mundo, para que não sofra a ameaça da feminização que este representa. Uma ameaça à sua identidade masculina.[116]

O processo edípico, tal como descrito, representa a derradeira etapa de uma progressiva e dolorosa sucessão de separações entre criança e mãe, sendo o corte do cordão umbilical o primeiro deles. O desmame, a proibição do incesto, as fantasias de castração e o isolamento em relação ao universo feminino são outras perdas sofridas no processo de tornar-se homem.

Com essas perdas, revela-se para o menino a noção de solidão, de "falta", ausência e incompletude ligadas à condição humana. E é essa a semente do "desejo" ausente na situação paradisíaca com a mãe, na qual não haveria nada a desejar, nada a ser conquistado. Essa é a falta que lhe será compensada pela existência do pênis/falo garantindo-lhe a supremacia.

É importante reiterar que Freud construiu sua teoria sobre a estruturação da consciência e a incorporação do superego sobre o modelo do masculino – aquele do primado do falo como organizador social. Embora tenha confessado sua dificuldade de desvendar o enigma que a mulher representa, influenciado pelo sistema discursivo da época, ele não questionou a própria posição e teve de se perguntar com enorme humildade: "Afinal, o que quer uma mulher?"

Édipo reflete o drama do masculino, para quem a renúncia ao colo da mãe, ao seu amor, ao feminino é indispensável para escapar da castração e entrar no mundo como homem. Para ser homem, é necessário submeter-se à renúncia, submeter-se à vivência dramática da separação e salvar a masculinidade. Renunciando ao amor da mãe, salva-se o pênis/falo – símbolo da completude.

Na tentativa de encontrar uma saída para as meninas na resolução do conflito edípico, Freud defendeu que, enquanto o menino sofre com a ameaça da castração, a menina a aceita como um fato consumado, uma vez que já é castrada. Esse fato a protegeria da necessidade de separar-se, de renunciar à intimidade, seja com a mãe, seja com o pai. Ao pai ela não teme. Ao contrário: ela o ama, é fiel a ele e disputa seu amor com a mãe, até que outro homem capaz de despertá-la para a paixão se aproxime. Porém,

Freud equivocou-se, supondo que ela precisaria compensar sua "incompletude" pela ausência do pênis, e tentou encontrar-lhe uma saída por meio da concepção. Caberia à mulher superar sua frustração por meio de uma equação simbólica em que a maternidade compensaria a ausência do falo.

Essa solução, além de bastante insatisfatória, impôs a dificuldade de poder afirmar algo sobre o momento do declínio do complexo de Édipo[117] no caso das meninas. Como esse momento pode se estender por um longo período ou nunca ocorrer por completo, como vimos no mito de Deméter e Perséfone, ficam no ar as perguntas: em que momento as mulheres incorporariam o superego? Quando estaria o desejo da mulher adaptado aos limites da cultura? As respostas são vagas.

A menina desenvolve seu superego só tardiamente, e de forma incompleta, tendo como consequência um menor comprometimento no que concerne à submissão à cultura e um percurso mais brando do ponto de vista de sua adaptação social. Não seria essa uma das razões que servem de base para transformá-la em uma ameaça à cultura?

Assim sendo, seria graças à sua falha superegoica que o destino das meninas estaria menos submetido aos princípios da Ordem. Seja como for, trata-se de um fato que tem proporcionado enorme incômodo para a sociedade patriarcal. Lilith, Eva, Pandora, Cassandra, as bruxas de Salém, as histéricas de Freud, as sufragistas, as feministas, figuras femininas reais ou mitológicas, desde sempre, mesmo que socialmente mantidas a distância do conhecimento e da política, se encarregaram de ameaçar, de revelar o que se oculta sob o determinismo universal da lógica fálica. E, de novo, são elas que, por meio de seus questionamentos, reivindicam novas práticas e novos modos de subjetivação que não se reduzam ao modelo fálico tradicional, e levem em conta a diversidade sexual e suas consequências.

Do que aqui nos concerne, o surpreendente é considerar como a prevalência do masculino, que impregna a mitologia até os dias atuais, tem conseguido manter uma ordem simbólica de tal grandeza por tantos séculos. Uma Ordem que, apesar de fragilizar a mulher como símbolo, a torna tão forte e assustadora para a subjetividade dos homens. A mulher, um ser castrado e incompleto que, sem os mesmos compromissos morais típicos do grupo masculino, é, ainda mais, a responsável por legitimá-lo diante de sua condição de ser homem.

Como não se constrói a subjetividade pela via exclusiva da razão, espero que meu leitor já possa vislumbrar comigo o tal temor mítico que uma mulher não dominada, demonizada, acaba representando para o imaginário coletivo de uma cultura cuja referência maior repousa sobre a magia do falo e sua proteção. Como abrir mão dessa referência? Como deixar de buscar exercer o controle sobre a mulher? E se o controle não for exercido? O que virá? A loucura? A morte?

Essas perguntas me reportam a outro mito. O mito de Sansão.

# 23.
# Sansão

SANSÃO NÃO TEM A inteligência, a glória ou a independência de Édipo. É um herói subjugado, facilmente dominado pelo caos, quando diante de suas emoções. Convive com a contradição de um corpo fenomenal e uma psique infantilizada e frágil. Age de forma onipotente, como se ninguém pudesse detê-lo, até se deixar envolver por uma mulher inimiga, que o seduz para a morte.

Nesse sentido, é um personagem que nos leva a pensar sobre o homem comum e seu pseudo "heroísmo", cheio de vaidade e tirania a par de um total despreparo para se relacionar com o mundo das dores e das emoções, muitas vezes representado pela presença de uma mulher.

Apesar de já conhecer Sansão, foi David Grossman, em seu romance *Mel de leão*,[118] quem me sensibilizou para ele. Na releitura que faz do mito, o autor, tendo perdido um filho na guerra como soldado, utiliza seu modelo de heroísmo para criticar a força de guerra do Estado de Israel que transforma jovens em pseudo-heróis.

Sansão se impôs a mim sem que eu fizesse nenhum esforço. Excelente representante do modelo masculino fálico, aparentemente invencível e incontestável, nos surpreende com sua fraqueza quando confrontado em sua afetividade. Um personagem construído para ser poderoso e decidido, mas que age, de certa forma, alienado e ignorante da exploração e do controle aos quais está submetido. Seus baixos níveis de resistência à dor e à solidão contrastam com uma belicosidade da qual não dá conta, revelando sua carência. Por tudo isso, Sansão me pareceu uma ilustração perfeita a respeito de como se organiza e se constrói a masculinidade numa sociedade em que a ordem simbólica vigente é guiada pela moral patriarcal – no mito representada pelo próprio Deus – e por seus modos de subjetivação.

Entre o gigante poderoso e o homem cheio de inquietações, ele luta durante toda sua breve existência para conquistar uma identidade. Parece estar sempre em contradição com a própria missão que lhe fora destinada. Aqui seus conflitos se assemelham muito com os de alguns homens que no decorrer deste livro se apresentaram depondo sobre as dificuldades que tiveram de enfrentar para satisfazer o conjunto das representações de um imaginário social a que precisavam atender.

## O MITO

Os heróis hebreus, diferentemente dos gregos, são humanos escolhidos e designados por Deus para realizar alguma ação específica, sempre com o objetivo de proteger seu povo. Em geral, são destinados a tarefas que dependem sobretudo de fé, além de inteligência, coragem e disposição ao sacrifício.

No século XI a.C., os hebreus, de início sem unidade política, se organizavam num território chamado Terra de Israel. Cercados geograficamente por outros povos, eram o tempo todo invadidos por seus vizinhos. Às vezes surgia dentro do grupo um homem que liderava a tribo na luta pela liberdade e, nesses casos, se tornava seu regente. Esse homem era por eles denominado "juiz". Foi assim que Sansão, o nazireu[119], nasceu para cumprir a missão de livrar os judeus do jugo dos filisteus.

Filho de mãe estéril – tal como muitos outros heróis bíblicos[120] –, ele nasceu, anunciado por Deus, na planície de Judá, uma terra tumultuada pelas incessantes lutas entre judeus e filisteus, para ser o defensor de sua gente contra os filisteus inimigos. Ele nunca escolheu ser o vingador de seu povo contra os opressores, até porque nunca lhe fora dada essa alternativa, mas isso era o que esperavam dele. Como qualquer outro menino de nossa cultura, desde sua concepção seu destino heroico já estava traçado.

Sua força extraordinária provinha de Deus, por quem era conduzido em todos os seus atos. Na medida em que os anos se passavam, o menino Sansão cresceu e se transformou num jovem adolescente que, como qualquer outro, começou a assistir, com surpresa e certo embaraço, ao seu corpo passar por uma série de transformações. Seus músculos e seu pênis intumesciam; seu desejo sexual e sua força física despontavam, fazendo-se notar independentemente de sua vontade. Dia a dia, enquanto ele assistia ao seu corpo se transformando, ia exibindo um comportamento bastante ambíguo, em relação à tarefa que lhe fora destinada. Nele conviviam a fragilidade emocional lado a lado com fantasias onipotentes voltadas para lutas e guerras, nunca parecendo em sintonia consigo mesmo. Ao mesmo tempo que conseguia matar um leão com suas próprias mãos, era capaz de se colocar em situações extremas sem se dar conta de suas inadequações.

Reza o mito que "o menino cresceu e o Senhor o abençoou [...] abençoou-o no seu antebraço[121] [...] o seu antebraço é como o dos homens e seu braço, como um rio caudaloso [...] Começou o espírito do Senhor a pulsar nele [...]".

Aqui o narrador se detém a descrever, passo a passo, as vicissitudes de um jovem no desabrochar de sua sexualidade na trama das peripécias relativas a tornar-se homem. Toda a ênfase é dada na sua força física e sexualidade, sugerindo a relevância desses elementos em detrimento de outros, tais como inteligência, afeto, empatia e assim por diante.

O que acontece com Sansão no momento em que o "espírito de Deus" nele começa a pulsar? Ele desperta para o amor. Sim, ele deseja uma mulher e se sente apaixonado. Volta para casa e expressa aos pais seu desejo de desposá-la e de ser rapidamente atendido. Acima de tudo, seu corpo o exige mesmo que tenha escolhido como esposa uma filha do povo filisteu, seu maior inimigo. Sansão tem pressa. Rebeldia ou desígnio divino? O narrador esclarece sempre que o encaminhamento de sua vida se deve a uma disposição do Senhor, como quem indica o agente de sua subjetividade. *É verdade que n*ada na saga de Sansão parece ocorrer por uma disposição dele mesmo. Tudo se passa numa sucessão de eventos sem aparente intenção ou estratégia. Há sempre uma força maior produzindo valores, conceitos, sentidos, reforçando a ideia de uma intervenção externa que o leva a manter-se alienado de si mesmo.

Em sua festa de casamento, por exemplo, ele propõe um desafio intelectual aos seus convidados filisteus. Ao exigir de sua amada dupla lealdade, Sansão vai ao encontro de sua traição. Temendo que Sansão ganhasse a disputa contra seu povo, sua mulher prefere ser desleal e proteger aos seus. O que o teria levado a esse desafio? "A tentação de se enaltecer diante da mulher como todos os homens?", pergunta Grossman. Vaidade, exibição de poder? – pergunto eu.

Estamos diante de um relato baseado em representações simbólicas que traduz um sistema de valores morais. Assim, convém respeitar a insistência do narrador em apontar para os conflitos, a fragilidade afetiva e a dificuldade de sentir empatia desse jovem em desenvolvimento em contraposição ao poder da sua força física e da sua sexualidade. O domínio que as mulheres exercem sobre ele também é notável e não deve fazer parte do relato senão por alguma boa razão.

Pois essa não seria a única experiência desastrada em que Sansão, o nazireu, escolheria uma mulher entre seus inimigos. O que significa isso? Uma forma de desmesura? De arrogância? Uma tentativa de aproximação com o povo que ele fora designado a eliminar?

Sansão significa *homem do sol*[122], e, por ser uma pessoa consagrada por Deus, tem um pacto com o divino. Entre outras proibições, não podia cortar a barba nem o cabelo. Se o fizesse, perderia sua força. Mas ninguém conhecia os termos desse pacto, a não ser Sansão e seus pais.

Os governantes filisteus, entretanto, sabiam da força física de Sansão e tinham muito medo de seus poderes. Por isso vigiavam todos os seus passos e, assim, ficaram sabendo quando ele se envolveu, mais uma vez apaixonadamente, com outra filisteia: Dalila.

Quem era Dalila? O narrador bíblico pouco nos esclarece sobre ela. Sabe-se apenas que caberá a essa jovem, subornada por seu povo, dominar Sansão, desvendando o segredo de sua força. Teria Dalila amado Sansão e o traído por causa do compromisso com seu povo? Ou teria ela sido movida apenas pelo suborno, casando-se com Sansão com a única intenção de dominá-lo e entregá-lo aos seus algozes? Para Sansão, ela é uma farsante; para seu povo, uma heroína. Podemos imaginar que ela tenha sido movida, de um lado, pela força da ligação com suas origens; de outro, pelo jogo do poder entre uma mulher e um homem. Nesse caso, mesmo que o amasse, talvez não tenha resistido ao desejo de conspirar contra ele e submetê-lo ao seu capricho.

Descreve o mito que, em certa ocasião, inicia-se entre eles um jogo erótico, em que Dalila o prende com cordas e permite que se solte repetidas vezes, rogando-lhe que revele seu segredo. Podemos supor que, em meio aos jogos de amor, o clima tenha ficando cada vez mais tenso entre eles, já que Sansão, também por várias vezes, buscou enganá-la. É quando Dalila questiona: "Como você pode dizer que me ama, se não confia em mim?" (Juízes 16:15)

Onde erotismo e fantasias de castração se confundem, onde a memória arqueológica do mundo infantil se faz presente, para qualquer homem diante da sua sexualidade, Dalila, enfim, consegue dominar Sansão. Além de tudo, ainda apoiado em sua crença onipotente na própria força física, Sansão expõe sua fragilidade psíquica e confessa seu maior segredo: "[...] Se fosse rapado o cabelo da minha cabeça, a minha força se afastaria de mim, e eu ficaria tão fraco quanto qualquer outro homem" (Juízes 16:17). E foi então que Dalila fez Sansão adormecer em seu colo e cortou-lhe as tranças. Ele é então imediatamente amarrado e preso pelos filisteus, que, chamados por ela, lhe arrancam os olhos e o escravizam. E aí está Sansão, o guerreiro, dominado por uma mulher e entregue impotente aos seus inimigos.

Anos se passaram até que os cabelos de Sansão voltassem a crescer.[123] Um dia, quando retirado da prisão para divertir os príncipes e o povo filisteu, que participavam de um enorme banquete, Sansão finalmente pôde cumprir a profecia a que fora destinado. Somente nesse momento, fragilizado e impotente, ele demonstra ter consciência de seu compromisso e implora a Deus que lhe restitua a antiga força por um instante. Apoiando-se nas colunas do grande salão onde a festa transcorria, Sansão põe abaixo, com o antigo vigor, o lugar onde todos estavam reunidos, causando a própria morte. Assim, finalmente cumpre seu destino.

### QUE HERÓI É ESSE?

Que tipo de herói é Sansão? Não se trata de um herói grego que desafia todo o Panteão em nome de uma epifania. Tampouco seu perfil remonta à nobreza do herói da antiguidade. Sansão é um herói superado. Vaidoso e exibicionista, visa apenas ao poder e ao sucesso.

Como todo pretenso herói orientado pelos valores do falocentrismo, dominado pela ilusão da onipotência do falo, é um personagem subjugado aos princípios constitutivos da virilidade definida pela força e pelo poder.

Sua história, marcada por paixões e lutas, também é repleta de imprudências comuns a qualquer adolescente típico do patriarcado, tão comprometido quanto ele, mais com a afirmação de sua virilidade que com o próprio bem-estar.

Usando a analogia entre a figura de Deus e a do Pai e dos modelos sociais, o mito salienta os efeitos do poder sobre os processos de subjetivação aos quais, tal qual Sansão, nossos jovens estão expostos. Modelos consagrados pelo falocentrismo que estimula muita libido, muita vaidade e pouca sabedoria. De acordo com a narrativa, só depois de ter perdido seus poderes Sansão consegue superar a si mesmo, preparando-se para o ato final.

Sansão é um personagem "muito humano", absolutamente capaz de representar qualquer jovem macho latino. Ele caberia tranquilamente em qualquer amostragem ligada às mortes violentas nas cidades brasileiras. Narcisista e fanfarrão, expõe-se aos mais variados perigos; vaidoso, envolve-se em disputas e conquistas de forma onipotente; cheio de ambiguidades, busca a admiração e o reconhecimento por meio da força, da coragem e da virilidade, qualidades típicas do "machão" brasileiro. Muito músculo e pouca sabedoria, sobretudo quando diante do mundo dos afetos, Sansão é um herói do falocentrismo.[124]

# 24.
# O falo na berlinda

DURANTE SÉCULOS ACREDITAMOS EM babados e drapeados tal como as mulheres do Sião acreditavam no impressionante corpo da professora inglesa de *Anna e o rei do Sião*. Sua saia rodada provocava uma ilusão de imponência e poder.

Durante longos períodos da história, nós, mulheres, fomos grandes colaboradoras na manutenção do modelo da hegemonia masculina pela admiração que devotamos aos nossos heróis. Tais como grandes espelhos iluminados, refletimos e ampliamos o que ocultavam seus acessórios e suas próteses, de tal forma que mesmo os homens, ao mirar seu reflexo, gostavam do que viam. Amenizamos seu sofrimento, poupando-lhes das formas mais variadas a dor da frustração. Muitas vezes fomos recompensadas. Os resultados foram tão eficientes que nem nós nem eles nos preparamos para nenhuma dúvida a respeito das imagens refletidas.

Agora, diante de um novo cenário social, quando nos sentimos comprometidos com um olhar mais crítico em relação às distorções produzidas pelas velhas ideologias, é importante que, em conjunto, homens e mulheres possam examinar essas novidades.

A crise que vem questionando o herói do patriarcado requer uma atualização do nosso olhar. As novas práticas criaram novas demandas e novas formas de julgamento, impondo modos ímpares de subjetivação em que a desigualdade entre os sexos está em debate. Mas, tal como nos alertou Freud, não vamos jogar o bebê pelo ralo junto com a água do banho! Essa é uma revolução para ser feita sem sangue. Não podemos perder o que já conquistamos no encontro com a alteridade.

Longe de mim tentar minimizar a importância dos homens no nosso universo, social ou particular. Longe de mim procurar execrá-los. Mas, também, longe de mim a ideia de continuar a incensá-los. Nossos pais, nossos filhos, nossos irmãos são nossos queridos, nossos amores, aqueles a quem, de modo paradoxal, queremos proteger – mesmo que sejam eles, oficialmente, os responsáveis pela nossa proteção.[125] Desde muito cedo, nós, mulheres, nos apaixonamos por nosso pai, o idealizamos, desejamos roubá-lo da nossa mãe e não queremos perdê-lo. Entretanto, não é possível para nós, agora com os olhos bem abertos, alienar-nos e aceitarmos qualquer atitude de natureza antiética.

Entretanto, penso ser importante cuidar desse assunto com o cuidado e a importância que ele merece. É preciso evitar que nesse processo ocorra não mais do que uma simples inversão de valores, que nos trará mais do mesmo. Se destruirmos o orgulho do homem[126] o teremos dominado, porém ele não será mais um homem, e nós teremos perdido aquilo pelo que lutamos.

Consideremos o momento incerto e conflituoso que vivemos. Se mudanças sociais afetam os modos de subjetivação dos indivíduos, qual é a nova ordem simbólica a ser incorporada pelos nossos jovens? Como prepará-los para as novas mulheres e os novos relacionamentos? Como educá-los? Lembremos, mais uma vez, que se de um lado a sociedade almeja homens mais ternos, de outro demonstra muito pouca ou nenhuma tolerância com possíveis "falhas e fracassos" de sua parte.

Como garantir aos homens o direito de resgatar aquilo que de mais precioso eles perderam com a repressão da sua afetividade? Permitir que se abracem sem precisar de tapinhas nas costas, permitir que se olhem nos olhos, que não em situação de enfrentamento, permitir-lhes o direito ao conhecimento do próprio corpo e a expressão de sentimentos, emoções, dores e amores? Os homens mal conseguem nomear sua dor. E, quando o fazem, há uma grande resistência de parte das pessoas em acolhê-los.

Uma cliente diz que o marido é terno e generoso, mas "ineficiente". Ela me traz a foto de um indivíduo alto e belo. Explica tratar-se de um homem terno, porém "acomodado": não tem muito apetite nem para o sucesso profissional nem para o sexo. Ela se envergonha dele perante os amigos e pensa sempre em abandoná-lo.

> *Olho para ele, para seus músculos, para a imponência do seu porte e não consigo me conformar [...] estou sempre esperando que algo aconteça! Ele é carinhoso, me abraça e diz que me ama, mas é muito dependente. Sou sempre eu quem tem de responder às nossas crises financeiras e encaminhar nossa vida. Trepar que é bom, também trepa pouco. Brigo muito com ele, me irrito. Ele diz que é um homem sensível e que ninguém o entende. Ainda estou lá só porque, quando olho para aquele homem lindo e forte, renasce em mim a esperança de que ele cuidará de mim um dia, mesmo sabendo que estou me iludindo, porque ele não é um homem, é um broxa, não tem colhão. [...]*

Esse depoimento revela que não é preciso ser homossexual ou transexual para ser repudiado como homem. Um amigo meu, por ser gentil e se interessar em saber o que as amigas estão pensando, vestindo ou de quem estão gostando, é tomado como "bicha", já que demonstra interesses considerados típicos de "mulherzinha".

Em outro extremo da escala socioeconômica, Cynthia Sarti[127] relata a situação de uma família de baixa renda em que um marido/pai perdeu suas prerrogativas de autoridade na família por ter agido com violência e, sobretudo, por não conseguir cumprir com seu papel de provedor.[128] A solução da mulher e das filhas foi a de literalmente "encostá-lo", de não se dirigir mais a ele e obrigá-lo a pagar pelo seu sustento, em troca de mantê-lo ocupando o lugar simbólico do "homem da casa". Nesses casos, diz Cynthia, mantém-se um homem tal como se mantém um ornamento. Ter um homem para chamar de seu? – Pergunto eu.

Até que ponto nós, mulheres, nos sentimos preparadas para abrir mão daquela bela imagem no espelho, tal como aprendemos a concebê-la? Será que somos capazes de empatizar com a angústia e o sofrimento de seres que, predestinados a exercer sua hegemonia, têm sido obrigados a superar as próprias fraquezas e ambiguidades? Para ser homem, é preciso não apenas dominar uma mulher, mas também outros homens. Quem estará disposta ou disposto a ouvir esse homem falando de sua opressão?

Será possível, partindo de um exercício de reflexão conjunta, que as mães possam deixar de se afastar dos filhos precocemente? Que pais e mães deixem de se assombrar com o fantasma da homossexualidade? Que os homens se permitam revelar desamparo sem sentir sua identidade ameaçada? Que se atribuam aos homens os mesmos direitos que às mulheres? E, às mulheres, os mesmos direitos que aos homens?

Homens seguros de si podem prescindir da força como garantia de autoafirmação. Os mais frágeis se utilizam da violência de forma reativa. Como defesa[129], ela pode até proporcionar uma sensação instantânea de reequilíbrio psíquico, uma sensação efêmera de triunfo, mas não mais do que isso. A violência voltará, para muitos deles, a ser praticada sempre que se sentirem fragilizados diante de uma ameaça à sua masculinidade. Assim eles se reafirmam quando pensam que é isto que se espera deles: jamais permitir que sua masculinidade seja contestada. É o paradigma do herói fálico. Nunca deixar de lutar pelo poder em nome de Deus (do Pai) ou da própria salvação.

Como alguém que se propõe a resgatar o sofrimento para os homens, confesso que me sinto mais enternecida com a fragilidade gerada pelo seu desamparo do que deslumbrada com a grandiloquência dos seus feitos. Heroicos somos todos, no processo de suportar e superar as sucessivas experiências psíquicas a que estamos expostos como seres humanos. Em verdade, somos todos seres marcados pelo desamparo e pela incompletude. Não podemos mais crer em heróis musculosos que, na verdade, não lutam sequer por si mesmos, e sim por ideais ilusórios de uma cultura maniqueísta.

Milton, de cerca de 40 anos, está à beira da falência. Há tempos sua empresa vem apresentando prejuízos. Porém, para não ter de se confessar com sua mulher, ele não se permite diminuir as despesas familiares nem pensar em mudanças em seu estilo de vida. A mulher vem de uma família poderosa e está acostumada a viver com certos luxos que Milton não tem mais como sustentar.

*Prefiro me matar a enfrentar essa situação. O que minha mulher, meus filhos e meus amigos vão pensar de mim? Que sou um homem frouxo, um fracassado, incompetente para dar conforto para minha família. Não posso suportar essa vergonha. Meus amigos, eles nem imaginam como sou incapaz. Outro dia li um romance em que um homem perde o emprego e, para não ter de contar a ninguém, sai todo dia de manhã de casa e passa o dia sentado num banco de aeroporto até chegar a hora de voltar para casa. Por quanto tempo eu poderia suportar uma situação dessas? Prefiro realmente me matar.*

Milton chegou, realmente, a tentar suicídio, mas, para o bem ou para o mal, não foi bem-sucedido.

Ao homem contemporâneo cabe livrar-se desse destino. Poder *transgredir* e *superar* os próprios mitos. Ressignificá-los, atribuir a eles um novo sentido. Libertar-se do modelo fálico tradicional que define o que é e o que não é ser homem. Estes, sim, talvez venham a ser os verdadeiros heróis – ou anti-heróis, se quisermos diferenciá-los do tão fragilizado modelo tradicional. Homens que descobriram a ternura. Estaremos nós preparados para acolhê-los?

O depoimento a seguir é de um homem maduro e iletrado que durante anos espancou a mulher porque se sentia inferior a ela. Como ela era muito "brava" e sempre o fazia sentir-se ameaçado, para não sair "por baixo" ele se via obrigado a espancá-la.

Depois de participar por três meses de um grupo de homens que, tal como ele, eram acusados de praticar violência contra as mulheres, ele ponderou:

> [...] *tudo que for preciso fazer para evitar violência dentro de casa eu vou fazer [...] mesmo na hora em que ela estiver estressada e vier com violência para o meu lado eu vou sair de casa, vou ficar quieto, tudo eu vou fazer para evitar, porque isso é uma coisa muito ruim na vida da gente. [...] eu acho que com aquilo que aconteceu lá [nos grupos de homens] eu já pensei comigo que minha vida tinha de ser diferente, eu tinha de pensar muito em mim, pensar nas pessoas, estar de bem comigo mesmo, porque se eu estiver de bem comigo mesmo vou estar de bem com as pessoas. Então, só isso que eu pensei, e de ver esses momentos que eles fala, as pergunta que faz, um atendimento bom... Sabe? Então, eu gostei. [...] eu gostaria de explicar, de aprender mais com alguém que sabe mais do que eu. Porque, você sabe, meu estudo é pouco, eu tenho pouca cultura, então minha educação eu aprendi um pouco andando pelo mundo, tenho viajado muito, vejo muita violência, vejo muita coisa que não era para acontecer, sabe, e ninguém faz nada, muita gente não faz nada [...].*

Como conseguimos esse suposto "milagre" com o depoente acima? Um sujeito contumaz na prática da violência contra a mulher? Antes de tudo, acolhendo sua fragilidade. A fragilidade de um indivíduo cujo sofrimento não podia ser confessado sequer a si mesmo. Tornando-o consciente de seu desamparo e oferecendo-lhe recursos mais adequados para superar suas angústias diante das ameaças constantes de perda da sua imagem "viril". Criando condições propícias ao questionamento de suas construções simbólicas e à ressignificação de suas narrativas.

Pesquisas[130] demonstraram que a despolarização do maniqueísmo explicitado no conflito entre *vítimas* e *agressores* abre espaço para a presença da vítima em cada agressor, e vice-versa, gerando novas reflexões e reavaliações a respeito da prática da violência.

Os novos modos de subjetivação exigem a adoção de mudanças discursivas a respeito do herói. Um herói decadente, que não consegue mais correr porque já começa a claudicar. Discursos mais harmônicos com as exigências contemporâneas voltam-se para a construção de um novo sujeito, com direito e responsabilidade sobre seu corpo e seus afetos. Trata-se de um tipo que começa a aparecer na mitologia contemporânea, expresso na literatura e no cinema, que é capaz de ações gloriosas independentemente de seus órgãos sexuais.

Insisto na importância de trabalharmos juntos, homens e mulheres, na ressignificação das velhas narrativas a fim de evitar novas dicotomias. A marcha pela emancipação dos corpos, já em franco movimento, aparece como uma saída para a alteridade. Liberar o corpo da mulher parece uma tarefa de primeira grandeza, mas não é a única. Os corpos masculinos estão, ainda que não se admita, absolutamente comprometidos com engenhocas constritivas que dirigem suas ações e limitam sua liberdade.

# Epílogo – Mudanças em curso

O RECONHECIMENTO DA IMPORTÂNCIA da mulher na vida pública se faz evidente na arte, na literatura e também nos esportes. Entretanto, vários grupos ainda expressam uma resistência irrefutável aos movimentos de resgate dos direitos femininos, principalmente as instituições político-religiosas – que, não sem razão, representam o último reduto a zelar com unhas e dentes pelo controle do que lhes é mais caro: o corpo da mulher.

Mas isso já não importa tanto, porque a marcha da *feminização* da cultura, pela disseminação dos modos de vida e das atitudes das mulheres, é irreversível. Nas práticas rotineiras, o caráter feminino se reflete fortemente na vida doméstica, na moda, na preocupação com o corpo, nas práticas de relacionamento, na expressão dos afetos.[131] Já na vida pública, pode-se dizer que as mulheres vêm conquistando igualdade jurídica e intelectual, mesmo que ainda em condições restritivas. Mas, mais do que o reconhecimento dos direitos e competências das mulheres, o mais importante é o fenômeno da disseminação e da adoção de um discurso social em que o conteúdo simbolicamente *feminino* também esteja presente.

Chamo de feminino não para atribuir-lhe alguma superioridade, mas para apontar novas possibilidades de subjetivação em que o desamparo se revela, em vez de esconder-se sob o mito da onipotência fálica. Trata-se de um discurso que aponta novas possibilidades de relacionamento entre as pessoas, sejam elas homens ou mulheres, um tipo de relacionamento pautado pela alteridade. Essas mudanças já estão em curso, e mudanças em curso são incontroláveis.

Discursos científicos e filosóficos que vêm pautando esse conteúdo simbólico mostram suas consequências mesmo que de maneira imperceptível. Bem sabemos quanto Freud, Nietzsche e Foucault provocaram, de forma irrecuperável, uma definitiva desilusão a respeito da interpretação do real. Nietzsche, ao questionar a verdade concebida pela tradição cristã, fez ruir as ilusões a respeito da verdade e da completude; Freud, com a descoberta do inconsciente, e Foucault, enfatizando a importância das práticas sociais na formação dos sujeitos, colocaram por terra as certezas a respeito de uma independência absoluta do ser. Nem é preciso mencionar o fenômeno da globalização e a revolução da informática para se conscientizar das mudanças fundamentais que estamos vivendo. É impossível negar os sintomas que indicam o fim de um ciclo e a aproximação de outro. Um novo tempo em que algumas indicações sugerem que não haverá lugar para modelos falocêntricos de poder, até porque talvez tenhamos de lutar lado a lado, homens e mulheres, para atender a outras demandas como, por exemplo, a sobrevivência do planeta.

A inevitável noção de imprevisibilidade, causada pela turbulência desses movimentos, vem obrigando a cultura ocidental a conviver com o desamparo provocado pela incerteza e pelo contraditório.

Hoje, a existência perene da dúvida no ato de conhecer impede que se negue a indeterminação e obriga a assumir a noção de verdades provisórias, inclusive na própria ciência, até então considerada uma das fontes de fundamentação das verdades absolutas. O princípio da relatividade de Einstein, que rompeu com a visão determinista de organização e ordem no universo, levou a filosofia mecanicista a desfazer-se no ar, deixando-nos cara a cara com a perplexidade. .

Para o filósofo Edgar Morin, a maior e única certeza que a contemporaneidade nos oferece é a da "... indestrutibilidade das incertezas, não somente na ação mas também no conhecimento".[132]

Pouco a pouco, essas novas noções sobre a complexidade dos fenômenos vêm pondo em xeque a estabilidade até nas relações de poder, impondo a prática da alteridade e a inclusão da diversidade. Podemos observá-las tanto nas práticas cotidianas como nas manifestações artísticas.

A arte, a primeira a manifestar os novos paradigmas através da história, já se abriu para novas formas estéticas. A música já propõe novas opções composicionais, a arte cinematográfica reflete esse movimento, criando novos contextos, novos personagens e novas maneiras de solucionar conflitos.[133]

O próprio James Bond, paradigma de força, poder e masculinidade, parece hoje mais uma paródia elegante do herói sanguinário de *Fúria selvagem*, representado por John Wayne pouco antes da década de 1960.

No cinema, a ficção traz a cada dia novas protagonistas concorrendo pelo espaço mítico dos heróis, para, com sua sagacidade e astúcia, algumas vezes dispensando músculos, mas nunca dispensando afeto, lutar contra o sofrimento e a dor da humanidade. A empatia, a alteridade e o compartilhamento têm se tornado nossos maiores valores.

Assim como novos modelos de resolução de conflitos, que utilizam formas *brandas* de negociação, as práticas pacíficas do "poder brando" têm se mostrado bem-sucedidas, tanto na vida privada como na vida pública. Diante dos tradicionais métodos jurídicos litigiosos do chamado "poder duro", elas provam ser mais eficientes.

Acredito que, pouco a pouco, à medida que os princípios fálicos que sustentam o discurso social forem sendo desconstruídos, os poderes duros tenderão a ser influenciados por formas mais brandas de autoridade.

Steven Pinker[134], psicólogo e linguista canadense da Universidade de Harvard, e professor no Departamento do Cérebro e Ciências Cognitivas na Universidade Michigan, é também um estudioso do funcionamento cerebral de homens e mulheres. Ele enfatiza, assim como Binzedrin, que não existe cérebro unissex. Os cérebros masculino e feminino, igualmente inteligentes, funcionam de forma distinta. Por exemplo, numa entrevista, quando lhe perguntaram se o mundo seria mais pacífico se governado por mulheres, a resposta de Pinker foi que, ao longo da história, as mulheres têm sido e serão uma força pacificadora, porque enquanto homens tiveram de se especializar no *poder duro* do comando, mulheres puderam ser mais colaborativas e intuitivamente aprenderam o valor do *poder suave*[135] da atração e da persuasão.

Entendo que referir-se às mulheres é referir-se a um padrão de relacionamento que tem sido protagonizado pelo grupo feminino, simplesmente porque a nós foram permitidas e incentivadas certas formas de aproximação e demonstração de afeto inteiramente censuradas no grupo masculino. Entretanto, é claro que inúmeros homens também conseguiram elaborar e valorizar os padrões de ternura vigentes na sociedade, escapando da rispidez e da belicosidade, consideradas mais apropriadas ao seu grupo.

Nos Estados Unidos, o velho mantra "quem trabalhar duro e respeitar as regras terá uma vida confortável", que serviu de estímulo às antigas gerações, já não funciona. Hoje, novas habilidades são requeridas no trabalho, como aprender e reaprender rapidamente, ter paixão, ser curioso e empático – características bem desenvolvidas entre as mulheres.

Diante dessas novas condições, parece-me bastante conveniente que os homens desconfiem de que não vale mais a pena obedecer aos antigos paradigmas da Ordem. A desconfiança pode ser uma boa vacina contra o dogmatismo.

Homens, por favor, manifestem-se, comecem a falar. Reflitam sobre suas posições e busquem novas saídas. Que tal aceitar o desamparo e debruçar-se sobre um regaço feminino? Poder simplesmente amar e ser amado, sem temor nem disputa de poder? Para contestar Nelson Rodrigues, um homem da modernidade, pergunto: por que não se pode amar e ser feliz ao mesmo tempo?[136]

Figuras do meu tempo, consideradas anti-heroicas, como John Lennon e Bob Dylan, já se expressavam criticamente em relação aos modelos tradicionais, nos idos da década de 1970, como, quando na canção *Imagine*, Lennon sugere um mundo pacífico e sem fronteiras, tema tão atual nos dias de hoje.[137]

Na verdade, Lennon já representava, então, um modelo pouco ortodoxo em relação ao heroísmo fálico vigente, o que provocou seu assassinato. Nesse episódio, que eu diria paradigmático, houve uma espécie de inversão, em que o assassino, identificado delirantemente com o herói fálico, planejou matar o "herege" em nome de salvaguardar a palavra de Cristo[138], numa situação típica da história da evangelização cristã, em que cabe ao *fiel* eliminar o *infiel*. É em situações como essas que o estatuto de realidade psíquica dos mitos – as referências míticas que definem as concepções de bem e de mal, do que é ou não pecado, de como devem ser as relações sexuais, e daí por diante – se manifesta, fornecendo representações às pulsões e atribuindo a elas um significado único e definitivo. Se, de um lado, essas referências sustentam uma ideologia e justificam um discurso de poder, de outro funcionam como referências de identificação que exigem dos sujeitos e da cultura a atribuição de um único sentido e orientação, tanto para o mundo visível como para o fantasmático. Sei bem que questionar valores míticos consagrados pode significar uma ameaça a referências identificatórias e provocar um colapso da função simbólica,[139] podendo ocasionar um verdadeiro quadro de desorientação mental. É uma mudança que exige muito do sujeito. Mas não seria aquele que consegue se superar o verdadeiro herói do passado? Ou o anti-herói de hoje?

A boa notícia é que um novo modelo de comportamento, que prescinde do heroísmo, tem se multiplicado, trazendo consigo novas referências e, portanto, novos valores. Essa nuvem de pensamento crítico, que ameaça extinguir o brilho das certezas, tem contribuído, não sem sofrimento e com forte resistência, para um novo olhar sobre as narrativas que, até agora, balizaram a razão das ideologias vigentes.

Se a força bruta já foi necessária no passado, quando necessitávamos dessa agressividade para sobreviver e evoluir, hoje um Sansão de 3 mil anos ou um samurai japonês do século XVI são considerados bestiais.

Chame-se esse momento de passagem, pós-modernidade, modernidade líquida, o que for. O que importa é que alguns mitos vêm se dissolvendo no imaginário da cultura, sugerindo novos significados. É a oportunidade de os homens considerarem, sem sangue nem guerra, determinados processos de singularização que se ofereçam como alternativas de liberação da sua subordinação identitária. Quando se altera um significado, cria-se uma nova realidade social e novos modos de subjetivação. Uma nova visão de mundo, dissociada do falocentrismo, pode criar novas práticas e formas menos rígidas de relacionamento graças a uma administração menos maniqueísta dos fenômenos. Hoje, é patente que a despolarização do maniqueísmo no conflito ajuda as pessoas a se sentir menos más, menos imperfeitas, menos culpadas – e, portanto, menos defensivas. Aqui cabe resgatar a ideia de um programa de processos individuais de ressignificação de conteúdos. Oferecer àqueles que praticam a violência, seja por desamparo, por defesa ou por desconhecimento de formas mais aprimoradas de resolução de conflitos, a possibilidade de refletir sobre suas narrativas e ressignificá-las.

Porém, a exposição ao processo individual de ressignificação não pode ser imposta: depende de uma abordagem em que a complexidade do indivíduo seja respeitada, assim como sua pessoa. Para facilitar qualquer processo de mudança, respeito e generosidade sempre serão mais eficientes do que ressentimento e punição. "Praticar a alteridade é ser capaz de apreender o outro na plenitude de sua dignidade", como definiu Frei Betto.[140]

Uma releitura do mito de origem livre das influências do sistema falocêntrico pode permitir o resgate do orgulho a respeito de nossas origens. Aquele orgulho que cada filho sente quando reconhece a força e a coragem de seus ancestrais. Orgulho do patrimônio que Adão e Eva, nossos audaciosos e heroicos ancestrais míticos, nos legaram por meio do Conhecimento. Ser dono do conhecimento é ser humano, é equiparar-se aos deuses, é poder até criá-los. Pensando assim, quem sabe, livres da pecha do pecado, nós, homens e mulheres, poderemos nos sentir mais limpos, mais sãos e, talvez, mais nobres.

Com essa última tentativa de desmoralizar uma máquina de controle da nossa subjetividade, espero, a essas alturas, ter conseguido demonstrar aquilo que os mitos, mesmo que necessários, podem ocultar. Algo que Barthes[141] denominou seu possível "abuso ideológico".

Verdades universais não existem, vivemos as contradições dos nossos tempos, portanto, isso considerado, devo admitir que o que aqui está exposto pode ser não mais do que uma forma ficcional de tratar um tão árduo tema.

# Notas

1. PIRANDELLO, L. *Assim é (se lhe parece)*. São Paulo: Tordesilhas, 2011, p. 179.
2. Esse poder coercitivo pode ser exercido por meio de submissão espontânea, normas jurídicas ou práticas culturais regidas pelo que aqui denomino Ordem.
3. BUTLER, J. *Bodies that matter: on the discursive limits of "sex"*. Nova York: Routledge, 1993.
4. A hipótese da existência do matriarcado apoia-se em fontes arqueológicas. Em pesquisas sobre a Era do Gelo (40.000-10.000 a.C.), pesquisadores descobriram grande quantidade de estatuetas de deusas femininas, representações da deusa-mãe. Ter sido de uma mulher, da figura materna, a mais antiga estátua até então encontrada na Europa, quiçá no mundo todo, só fez reforçar as teorias antropológicas do século XIX, que apontavam o matriarcado como a mais remota forma de organização social conhecida.
5. ENGELS, F. *A origem da família, da propriedade privada e do Estado*. Rio de Janeiro, BestBolso, 2014.
6. ORWELL, G. *1984*, São Paulo: Companhia das Letras, 2009.
7. Uma verdade absoluta.
8. Como no caso dos mundugumor, estudados por Margareth Mead, entre os quais crianças dóceis são educadas para se tornar adultos ferozes.
9. Tal expressão foi criada, nos anos 1960, por psicólogos norte-americanos para designar como cada corpo se comporta de acordo com as imposições culturais a que está submetido.
10. MEAD, M. *Sexo e temperamento*. São Paulo: Perspectiva, 1969.
11. *Op cit*, p. 23.
12. Utilizo a palavra "sujeito", em oposição a "indivíduo", para enfatizar sua sujeição a algum agente de poder.
13. DAMÁSIO, A. *O erro de Descartes: emoção, razão e o cérebro humano*. São Paulo: Companhia das Letras, 2012.
14. Processo denominado infibulação.
15. Questão levantada por Judith Butler em *Bodies that matter, op. cit.*

16. O ritual é comentado por Jesse Bering em *Perv: the sexual deviant in all of us*. Nova York: Farrar, Strauss & Giroux, 2014.
17. Dados publicados pela *Folha de S.Paulo* em 25 de maio de 2013.
18. Pode-se pensar em objeto como uma coisa material (objeto externo) e também como uma representação mental (objeto interno). Tais objetos são todas as coisas que se oferecem concretamente aos nossos sentidos ou, por meio de imagens, à nossa vida psíquica.
19. É sempre bom lembrar que quando me refiro à presença de figuras parentais estou considerando todas as representações possíveis no exercício desse papel na vida das crianças. Pais e mães podem ser adotivos, sociais ou apenas afetivos.
20. SPITZ, R. *O primeiro ano de vida*. São Paulo: Martins Fontes, 2004.
21. MEAD, M. *Sexo e temperamento*, op cit, p. 20.
22. FOUCAULT, M. *Microfísica do poder*. 5. ed. Rio de Janeiro: Graal, 1985.
23. Representação simbólica do pênis como símbolo de completude existencial e de poder hegemônico.
24. Na dimensão metafórica, como "virar mulherzinha". Para não "virar mulherzinha", vale livrar-se de qualquer manifestação afetiva própria do feminino.
25. Refiro-me ao pecado capital criado pelo cristianismo.
26. Segundo fontes hebraicas, Lilith teria sido a primeira mulher de Adão. Porém, por sua rebeldia e independência, foi submetida à censura. Mais tarde, Lilith transformou-se em uma figura demoníaca que, na mítica medieval judaica, tornou-se a representante do caos – aquela que seduz os homens enquanto ameaça as grávidas e as crianças.
27. A abstinência e o matrimônio já eram valores consagrados no judaísmo. A grande diferença ficava por conta da experiência do prazer erótico que podia e deveria ser usufruído pelo casal.
28. Freud começa a desenvolver sua teoria com base na escuta das mulheres.
29. NIETZSCHE, F. *Assim falou Zaratustra*. São Paulo: Companhia das Letras, 2011.
30. Lembremos que, para Freud, esse doloroso processo é marcado pela instalação de um superego severo, representante da consciência moral adquirida.
31. FRIEDMAN, D. *A mind of its own, a cultural history of the penis*. Nova York: Free Press, 2001, p. 4.
32. Talvez esteja aqui uma das razões por que alguns homens vêm a sentir compulsão de "atacar" mulheres em lugares públicos ou privados utilizando sua ferramenta de autoafirmação.
33. MORO, J. *O império é você*. São Paulo: Planeta, 2012, p. 10.

34. LACAN, J. *O seminário – Livro 20: mais, ainda*. 2. ed. Rio de Janeiro: Zahar, 1985.
35. GUIMARÃES, M. "Revelações de alcova". *Pesquisa Fapesp*, n. 166, dez. 2009. Disponível em: <http://revistapesquisa.fapesp.br/2009/12/01/revelacoes-da-alcova-4/>. Acesso em: 9 jan. 2018.
36. Dado incomum no mundo masculino, só possível de ser obtido nos dias relativamente mais arejados da contemporaneidade. Alguns homens têm orgasmos secos, sem ejaculação, enquanto outros têm ejaculação sem orgasmo. Estes, principalmente, segundo a literatura, são os que costumam fingir mais vezes.
37. Referência à completude supostamente masculina *versus* a incompletude feminina que mencionamos.
38. Digo aparentemente por acreditar que todo esse poderio exigiu dos homens um enorme sacrifício. Eles tiveram de se armar de grande dose de coragem para não decepcionar nem aos seus pares nem a um enorme contingente de mulheres cheias de expectativas.
39. FOUCAULT, M. *História da sexualidade I – A vontade de saber*. Rio de Janeiro: Graal, 1977.
40. Lei de proteção à mulher que, visando coibir a violência, institui penas de detenção a quem incorrer no crime.
41. WAISELFISZ, J. J. *Mapa da violência 2015: homicídio de mulheres no Brasil*. Brasília: Flacso Brasil, 2015, p. 11.
42. *Ibidem*, p. 27.
43. GODELIER, M. *Prácticas sexuales y orden social*. Buenos Aires: Mundo Científico, 2002.
44. FOUCAULT, M. *Nietzsche, Freud e Marx – Theatrum philosoficum*. Porto: Anagrama, 1980.
45. Ainda hoje há mulheres que dependem da presença de uma figura masculina como passaporte para o mundo social.
46. Notem que uso o termo *deslegitimizar* no lugar de *punir*.
47. MORIN, E. *Introdução ao pensamento complexo*. Porto Alegre: Sulina, 2011, p. 46.
48. Grupo de alunos de Arquitetura que discutiu gênero na Escola da Cidade (São Paulo). O evento foi promovido pelo Coletivo Feminista da faculdade em 2016.
49. Que associa macho-fêmea com forte-fraco; bom-mau; agressor-vítima.
50. TIMM, U. *À sombra do meu irmão: as marcas do nazismo na história de uma família alemã*. Porto Alegre: Dublinense, 2014, p. 28. Na citação do texto, os grifos são meus.
51. Com maiúscula para indicar transcendência.

52. No caso de Édipo, por exemplo, é a revelação do desejo de eliminar o pai e possuir a mãe, como veremos a seguir.
53. Gregos e judeus possuíram também suas heroínas, que no entanto não se mantiveram na memória da civilização ocidental com a mesma força dos heróis.
54. Exército rebelde judeu que queria diminuir a influência da cultura helenística nas Terras de Israel, reintroduzindo a religião judaica no Templo de Jerusalém.
55. Em *The Jewish book of why* e *The second Jewish book of why* (Jonathan David Publishers, 1989).
56. Chamo atenção para essa palavra porque representa justamente a resposta para a Queda que dá nome ao mito, como se depois da hhatá viesse a Nasa, ou o perdoado seria o "erguido da queda".
57. *Poetics*. Londres: Aeterna Press, 2015.
58. Ver "O mal-estar na civilização", in *Obras Completas*, v. XIX (Imago, 1974, p. 124).
59. CECCARELLI, P. R.; COSTA SALLES, A. C. "A invenção da sexualidade". *Reverso*, ano XXXII, Minas Gerais, 2010.
60. Poema de Johann Wolfgang von Goethe, redigido como peça de teatro e publicado pela primeira vez em 1808.
61. GUATARRI, F.; ROLNIK, S. *Micropolítica: cartografia do desejo*. Petrópolis: Vozes, 1993.
62. Tais como o exibicionismo, o estupro a pedofilia e outros tantos, tipicamente masculinos.
63. MUSZKAT, S. *Violência e masculinidade*. São Paulo: Casa do Psicólogo, 2011, p. 181-82.
64. Depoimentos extraídos da reportagem "Cabeça de assassino". *Veja*, 17 nov. 2010. Disponível em: <https://acervo.veja.abril.com.br/#/edition/32283?page=110&section=1>. Acesso em: 30 jan. 2018.
65. Jornalista destacado e poderoso, cujo crime chocou a classe intelectual paulistana, que o julgou incompatível com alguém de seu meio e com sua formação cultural.
66. LIMA, L. O. de. *Pimenta Neves: uma reportagem*. São Paulo: Scortecci, 2013.
67. FREUD, S. *O mal-estar na cultura*. Porto Alegre: L&PM, 2010, p. 123-24.
68. *Ibidem*.
69. Metáfora criada por Sérvulo Figueira em *Psicanálise e ciências sociais* (Rio de Janeiro: Francisco Alves, 1980). Significa que há um conflito entre os parâmetros ditados pelos grupos de poder e as novas práticas, provocando dúvidas sobre a moral social.

70. WAISELFISZ, J. J. *Mapa da violência 2014: os jovens do Brasil*. Brasília: Flacso Brasil, 2014, p. 70.
71. *Ibidem*, p. 71.
72. Jairo Bouer é médico psiquiatra formado pela Faculdade de Medicina da USP e pelo Instituto de Psiquiatria do Hospital das Clínicas da mesma universidade. É também biólogo graduado pela Universidade Federal de Santa Catarina (UFSC).
73. BOUER, J. "Suicídio em homens: como desmontar a armadilha emocional?" *O Estado de S. Paulo*, 17 ago. 2014. Disponível em: <http://sao-paulo.estadao.com.br/noticias/geral,suicidio-em-homens-como-desmontar-a-armadilha-emocional-imp-,1545093>. Acesso em: 23 jan. 2018.
74. Diante do fato de que cerca de 40 mil mulheres, nos últimos dez anos no Brasil, foram assassinadas por seus companheiros ou ex-companheiros, comprova-se a tese de que não basta que as mulheres ganhem autonomia, se sintam empoderadas etc. para garantir a diminuição da violência masculina contra elas. WAISELFISZ, J. J. *Mapa da violência 2012 – Atualização: homicídio de mulheres no Brasil*. Brasília: Flacso Brasil, 2012. Disponível em:
75. POLLACK, W. *Meninos de verdade*. São Paulo: Alegro, 1999, p. 31.
76. No Brasil, a primeira dessas delegacias especiais, as chamadas DDM, foi criada há trinta anos, na cidade de São Paulo.
77. Não confundir com contatos físicos libidinosos ou manifestações verbais de baixo calão. Juliana é criadora do site thinkolga.com.
78. Ver os textos "Pequeno Hans" e "Homem dos ratos", reunidos sob o título "Duas histórias clínicas", in *Edição standard brasileira das obras psicológicas completas de Sigmund Freud*, v. X (Imago, 1996).
79. Já discutido anteriormente. Tem o mesmo sentido de naturalista, algo que faria parte de uma essência própria do sexo, visão hoje rejeitada pela academia.
80. Registrado de forma evidente em discussões com homens de menor capital educacional. Também faz parte de estudo publicado por Cynthia Andersen Sarti, "A família como espelho: um estudo sobre a moral dos pobres na periferia de São Paulo" (Cortez, 1996).
81. MUSZKAT, S. *Violência e masculinidade*. São Paulo: Casa do Psicologo, 2011.
82. *O homem, esse desconhecido*, pesquisa coordenada por Maria Coleta de Oliveira, professora e pesquisadora da área de demografia da Unicamp, com a participação de Betty Bilac, socióloga, e Malvina Muszkat, psicanalista. Financiada e publicada pela Fapesp.

83. Discriminar o que é doença do que é abuso de autoridade, por exemplo.
84. Em grande parte dos casos onde há violência de qualquer ordem – física, sexual ou moral –, o intento é muito mais controlar e desmoralizar o sujeito do que provocar dor. A dor é consequência da falta de sucesso no controle.
85. Sacher-Masoch, L. von. *A vênus das peles*. São Paulo: Hedra, 2008.
86. Não estou caracterizando todas as relações de violência entre casais como masoquistas; apenas uso o modelo como paradigma para diagnósticos que deveriam ter diferentes encaminhamentos.
87. Metodologia utilizada na ONG Pró-Mulher, Família e Cidadania (PMFC), hoje extinta, que dirigi durante 12 anos, onde atendíamos primeiramente apenas as mulheres, vítimas de violência, e depois seus companheiros, muitos em regime de pena alternativa.
88. Telles, S. "O inconsciente universal". *O Estado de S. Paulo*, em 10 dez. 2011. Disponível em: <http://cultura.estadao.com.br/noticias/geral,o-inconsciente-universal-imp-,809188>. Acesso em: 23 jan. 2018. Para confirmar a tese do artigo, basta observar o número de ofertas de tratamentos para aumento do pênis que chegam pela internet.
89. O essencialismo postula que todas as coisas têm uma essência imutável. No campo da biologia, isso significa que todas as espécies têm uma essência fixa e eterna, o que elimina a participação da cultura na construção dos gêneros. Ele se opõe ao construtivismo, que começou a ganhar força nos anos 1970 como corrente teórica que parte do princípio de que todo ser é resultado da relação com o seu meio.
90. Por enquanto carecemos de estudos realizados com transexuais, por exemplo.
91. Os neurotransmissores são substâncias químicas liberadas pelos neurônios e utilizadas para a transferência de informações entre eles. A adrenalina, secretada em momentos de estresse, é responsável por preparar o corpo para grandes esforços físicos, e a dopamina, estimulante do sistema nervoso central, está relacionada ao controle de movimentos, ao aprendizado, ao humor, às emoções e à memória. Ambas são exemplos de neurotransmissores muito conhecidos, que ultimamente fazem parte do vocabulário leigo.
92. Brizendine, L. *The female brain*. Nova York: Three Rivers Press, 2006; Brizendine, L. *The male brain*. Nova York: Three Rivers Press, 2010.
93. Trata-se de uma constatação que nos ajuda a entender as tendências à repetição de comportamentos.
94. Quando o córtex pré-frontal é lesado, por exemplo, o indivíduo perde o senso de suas responsabilidades sociais, mesmo que estas já tenham sido treinadas e exercidas no passado.

95. DAMÁSIO, A. *O erro de Descartes: emoção, razão e o cérebro humano*. São Paulo: Companhia das Letras, 2012.
96. SCHWARTZMAN, H. "A força do hábito – Por que é tão difícil se livrar de costumes e dependências". *Folha de S.Paulo*, 10 jun. 2012.
97. Podem-se encontrar referências a respeito em Freud, mais especificamente nos *Três ensaios sobre a teoria da sexualidade*: "Leonardo da Vinci e uma lembrança de sua infância" (1910), "O caso de Schreber" (1911) e "Psicogênese de um caso de homossexualismo numa mulher" (1920). A impressão errônea que se tem da teoria freudiana quanto à homossexualidade deve-se a interpretações decorrentes da mesmas imposições normativas da ordem simbólica da sociedade em que ele estava inserido.
98. FREUD, S. *Três ensaios sobre a teoria da sexualidade*. In: FREUD, S. *Obras completas*. Rio de Janeiro: Imago, 1976, p. 146. V. VII.
99. MADEIROS, C. "ONG aponta recorde de LGBTs mortos no Brasil em 2017; 'dói só de lembrar', diz parente". Uol Notícias, 25 set. 2017. Disponível em: <https://noticias.uol.com.br/cotidiano/ultimas-noticias/2017/09/25/brasil-tem-recorde-de-lgbts-mortos-em-2017-ainda-doi-diz-parente.htm>. Acesso em: 26 jan. 2018.
100. Segundo a literatura médica, esse "transtorno" consiste numa forte identificação com o gênero oposto, por um desconforto persistente com o próprio sexo e por um sentimento de inadequação ao papel social que dele se espera. O diagnóstico vem sendo mantido como uma forma de conseguir o apoio da saúde pública para a mudança de sexo.
101. SCHULMAN, M. "A nova geração gay nas universidades dos EUA". *Folha de S.Paulo*, 17 fev. 2013. Disponível em: <http://www1.folha.uol.com.br/ilustrissima/1231466-a-nova-geracao-gay-nas-universidades-dos-eua.shtml>. Acesso em: 23 jan. 2018.
102. Mesmo nos EUA, o termo "*queer*" tem uma definição em geral ainda controversa. Ora possui um sentido "guarda-chuva", que compreende toda a comunidade LGBT, ora é usado na composição do substantivo "*genderqueer*", designando alguém que alterou os rótulos e as categorias de gênero e sexualidade, inclusive o de gay, lésbica e bissexual. Por fim, pode ser usado para designar os gays mais "femininos", que entretanto não se travestem. Nesse caso, pode ser ofensivo a gays mais "contidos".
103. Boston: Beacon Press, 2012.
104. Sobre esse assunto, é obrigatória a leitura do clássico de Bruno Bettelheim, *A psicanálise dos contos de fadas* (Rio de Janeiro: Paz e Terra, 2002).
105. A constituição do sujeito originada de sua relação com o outro.
106. Para mais informações, ver: SARTI, C. A. *A família como espelho – Um estudo sobre a moral dos pobres*. 7. ed. São Paulo: Cortez, 2011. Ver também: MASSI, M. *Vida de mulheres: cotidiano e imaginário*. Rio de Janeiro:

Imago, 1992. Possíveis frustrações e fracassos na vida em família costumam ser interpretados pelas mulheres como consequência do fracasso dos seus companheiros, como se eles fossem heróis que não cumpriram seu destino.

107. FREUD, S. "Psicologia de grupo e a análise do ego". In: *Edição standard brasileira das obras completas*, v. XVII. Rio de Janeiro: Imago, 1976.
108. CAMPBELL, J. *Para viver os mitos*. São Paulo: Cultrix, 2000.
109. Texto disponível em: <http://sbpa-rj.org.br/site/?page_id=465>. Quando Perséfone reencontra a mãe se inicia a primavera; quando se vai, começa o inverno.
110. A constituição de um sujeito a partir de sua relação com o outro.
111. CAMPBELL, J. *O herói de mil faces*. São Paulo: Pensamento, 2007.
112. Em *Mitologias* (Siglo Veintiuno, 1980).
113. A *Odisseia*, poema épico, de tradição oral, atribuído a Homero, supõe-se ter sido escrita no papel por volta do século VIII a.C.
114. Uso o V maiúsculo para destacar o caráter transcendental do termo.
115. Pai pode significar qualquer elemento que desempenhe o papel de interditor.
116. Daí Butler denominá-lo "tabu da homofobia".
117. Aquisição do superego imposto pela cultura, que o menino adquire para fugir à castração.
118. São Paulo: Companhia das Letras, 2006.
119. Indivíduo consagrado por Deus para executar Seus desígnios.
120. Na Bíblia, mulheres estéreis são comumente referidas como depositárias de filhos predestinados concebidos por um espírito divino. O companheiro dessa mulher, tal como José na relação com Maria, mãe de Jesus, representa um papel secundário.
121. Significa que Deus abençoou Sansão no seu órgão sexual, o antebraço que "é como o dos homens". Curiosa é a referência de que o espírito do Senhor passa a pulsar em Sansão depois de ele ser abençoado no seu sexo. Trecho retirado da Bíblia Online, Nova Versão Internacional. Disponível em: <https://www.bibliaonline.com.br/acf/jz/13>. Acesso em: 10 jan. 2018.
122. Sol em hebraico é *shemesh* e força é *on*. O nome hebraico de Sansão é Shimshon, que aglutina os dois termos.
123. No mito, como no sonho, não há nenhum compromisso com o pensamento lógico formal.
124. Postura, atitude ou comportamento baseado na ideia da superioridade masculina.
125. Independentemente da escolha de objeto sexual de uma mulher.
126. Como fizeram com as mulheres.

**127.** SARTI, C. *A família como espelho, op cit.*
**128.** Essa equação é bastante comum nos casos em que os homens têm dificuldade de cumprir com as próprias expectativas de sucesso.
**129.** Digo isso porque, como já salientei, os homens usam a violência também para se vingar ou até com a simples intenção de se mostrar prepotentes, como nas torcidas de futebol. Essas formas de manifestar a violência não cabem em minha argumentação.
**130.** MUSZKAT, M. E. *et al. Mediação familiar transdisciplinar: uma metodologia de trabalho em situações de conflito de gênero.* São Paulo: Summus, 2008.
**131.** Com a participação cada vez maior de homens em tarefas e papéis antes considerados exclusivamente femininos.
**132.** MORIN, E. *Introdução ao pensamento complexo.* Porto Alegre: Sulina, 2005, p. 31.
**133.** Minha discussão aqui se limita a apontar para o que seus personagens podem suscitar no sentido da desconstrução de valores consagrados.
**134.** PINKER, S. *Os anjos bons da nossa natureza: por que a violência diminuiu.* São Paulo: Companhia das Letras, 2013.
**135.** Do ingles *soft power* versus *hard power*. Mesmo não sendo especialista em neurociência, reitero a hipótese de que as diferenças típicas do funcionamento cerebral de um e de outro sexo podem ser decorrentes das expectativas culturais a que estão submetidas. Note-se que as diferenças não são consideradas antômicas, mas funcionais.
**136.** Sob o pseudônimo de Myrna, o escritor tinha uma coluna diária de aconselhamento amoroso. Myrna defendia ser impossível amar e ser feliz ao mesmo tempo. RODRIGUES, N./MYRNA. *Não se pode ser feliz e amar ao mesmo tempo.* Rio de Janeiro: Nova Fronteira, 2013.
**137.** Se quiser relembrar a letra, procure-a na internet. Vale a pena recordar.
**138.** Segundo ele, sua motivação foi castigar Lennon por ter blasfemado sobre o nome de Jesus.
**139.** Provocar um contato direto e perigoso com a angústia.
**140.** FREI BETTO. "Alteridade, subjetividade e generosidade" In: *Gosto de uva.* Rio de Janeiro: Garamond, 2003, p. 165.
**141.** BARTHES, R. *Mitologias.* Barcelona: Siglo Veintiuno, 1970.

www.gruposummus.com.br

IMPRESSO NA
**sumago** gráfica editorial ltda
rua itauna, 789  vila maria
**02111-031**  são paulo  sp
tel e fax 11 **2955 5636**
**sumago**@sumago.com.br